DESCUBRE 1

Lengua y cultura del mundo hispánico

Cuaderno de actividades comunicativas

VISTA
HIGHER LEARNING

© 2017 by Vista Higher Learning, Inc. All rights reserved.

Student Text ISBN: 978-1-68004-490-4
5 6 7 8 9 PP 21 20 19

Table of Contents

Communication Activities	1
Fotonovela Video Activities	51
Panorama cultural Video Activities	69
Flash cultura Video Activities	87
Audio Activities	105
Writing Activities	159

estructura 1.2

Estudiante 1

Sopa de letras (*Word search*) You have half of the words in the wordsearch, and your partner has the other half. To complete it, pick a number and a letter and say them to your partner. If he or she has a letter in the corresponding space, he or she must tell you. Write down the letter your partner tells you in the corresponding space and go again. If there is no letter in the space you asked about, your partner should say **cero** and take a turn. Follow the model and continue until you have all six words. The words can be read horizontally, diagonally, or vertically. Your partner starts.

> **modelo**
> **Estudiante 2:** 8D
> **Estudiante 1:** cero. 9F
> **Estudiante 2:** jota
> *You write down J in box 9F and play on.*

Clue: All six words are connected.

	1	2	3	4	5	6	7	8	9	10	11
A	C										
B		O				C			P		
C			M			A			A		
D				P		P			S		
E					U	I			A		
F						T			J		
G						A	A		E		
H						L		D	R		
I									O		
J										R	
K											A

Now that you have the six words, group them in these three categories. Compare your results with your partner's.

Personas   **Cosas**   **Lugares (*Places*)**

_____   _____   _____

_____   _____   _____

Nombre _____ Fecha _____

estructura 1.2

Estudiante 2

Sopa de letras (*Word search*) You have half of the words in the wordsearch, and your partner has the other half. To complete it, pick a number and a letter and say them to your partner. If he or she has a letter in the corresponding space, he or she must tell you. Write down the letter your partner tells you in the corresponding space and go again. If there is no letter in the space you asked about, your partner should say **cero** and take a turn. Follow the model and continue until you have all six words. The words can be read horizontally, diagonally, or vertically. You start.

> *modelo*
> **Estudiante 2:** *8D*
> **Estudiante 1:** *cero. 1G*
> **Estudiante 2:** *ene*
> *You write down N in box 1G and play on.*

Clue: All six words are connected.

	1	2	3	4	5	6	7	8	9	10	11
A	C	O	N	D	U	C	T	O	R		
B	U										
C	A										
D	D										
E	E										
F	R										
G	N										
H	O										
I											
J											
K					E	S	C	U	E	L	A

Now that you have the six words, group them in these three categories. Compare your results with your partner's.

Personas   **Cosas**   **Lugares (*Places*)**

_____   _____   _____

_____   _____   _____

estructura 1.4

Estudiante 1

 ¿Qué hora es? You and your partner each have half of the information you need to complete this chart. To complete your charts, ask and answer questions about what time it is now in other cities and capitals of the world. You will provide your partner with the times he or she needs, and you should fill in the empty spaces on your chart with the times provided by your partner. Follow the model. You begin; start with San Francisco and continue downwards.

> **modelo**
> **Estudiante 1:** ¿Qué hora es ahora en Madrid?
> **Estudiante 2:** Ahora son las cinco de la tarde en Madrid.
> *(You write down* 5:00 p.m. *next to* Madrid.*)*
> **Estudiante 2:** ¿Qué hora es ahora en Atenas?
> **Estudiante 1:** Son…

Ciudad	¿Qué hora es?
San Francisco	
la Ciudad de México	10:00 a.m.
Toronto	
Quito	11:00 a.m.
Buenos Aires	
Londres (*London*)	4:00 p.m.
Madrid	5:00 p.m.
Atenas (*Athens*)	6:00 p.m.
Moscú (*Moscow*)	
Nairobi	7:00 p.m.
Nueva Delhi	
Tokio	1:00 a.m.
Sydney	

Now, answer these questions and compare your answers with your partner's. Answer in complete sentences and write out the words for the numbers.

1. Son las 8:15 p.m. en Nairobi. ¿Qué hora es en Sydney?

_____

2. Son las 6:45 a.m. en Toronto. ¿Qué hora es en Londres?

_____

3. Son las 5:20 p.m. en Moscú. ¿Qué hora es en la Ciudad de México?

_____

4. Son las 9:55 p.m. en Tokio. ¿Qué hora es en Atenas?

_____

5. Son las 11:10 a.m. en Quito. ¿Qué hora es en San Francisco?

_____

estructura 1.4

Estudiante 2

¿Qué hora es? You and your partner each have half of the information you need to complete this chart. To complete your charts, ask and answer questions about what time it is now in other cities and capitals of the world. You will provide your partner with the times he or she needs, and you should fill in the empty spaces on your chart with the times provided by your partner. Follow the model. Your partner begins; start with San Francisco and continue downwards.

> **modelo**
> Estudiante 1: ¿Qué hora es ahora en Madrid?
> Estudiante 2: Ahora son las cinco de la tarde en Madrid.
> *(You write down 5:00 p.m. next to Madrid.)*
> Estudiante 2: ¿Qué hora es ahora en Atenas?
> Estudiante 1: Son...

Ciudad	¿Qué hora es?
San Francisco	8:00 a.m.
la Ciudad de México	
Toronto	11:00 a.m.
Quito	
Buenos Aires	1:00 p.m.
Londres (*London*)	
Madrid	5:00 p.m.
Atenas (*Athens*)	
Moscú (*Moscow*)	7:00 p.m.
Nairobi	
Nueva Delhi	9:30 p.m.
Tokio	
Sydney	3:00 a.m.

Now, answer these questions and compare your answers with your partner's. Answer in complete sentences and write out the words for the numbers.

1. Son las 8:15 p.m. en Nairobi. ¿Qué hora es en Sydney?

2. Son las 6:45 a.m. en Toronto. ¿Qué hora es en Londres?

3. Son las 5:20 p.m. en Moscú. ¿Qué hora es en la Ciudad de México?

4. Son las 9:55 p.m. en Tokio. ¿Qué hora es en Atenas?

5. Son las 11:10 a.m. en Quito. ¿Qué hora es en San Francisco?

Nombre _____ Fecha _____

estructura 2.4

Estudiante 1

5 **¿A qué distancia...?** (student text p. 65) You and your partner have incomplete charts that indicate the distances between Madrid and various locations. Fill in the missing information on your chart by asking your partner questions.

> **modelo**
> Estudiante 1: ¿A qué distancia está Arganda del Rey?
> Estudiante 2: Está a veintisiete kilómetros de Madrid.

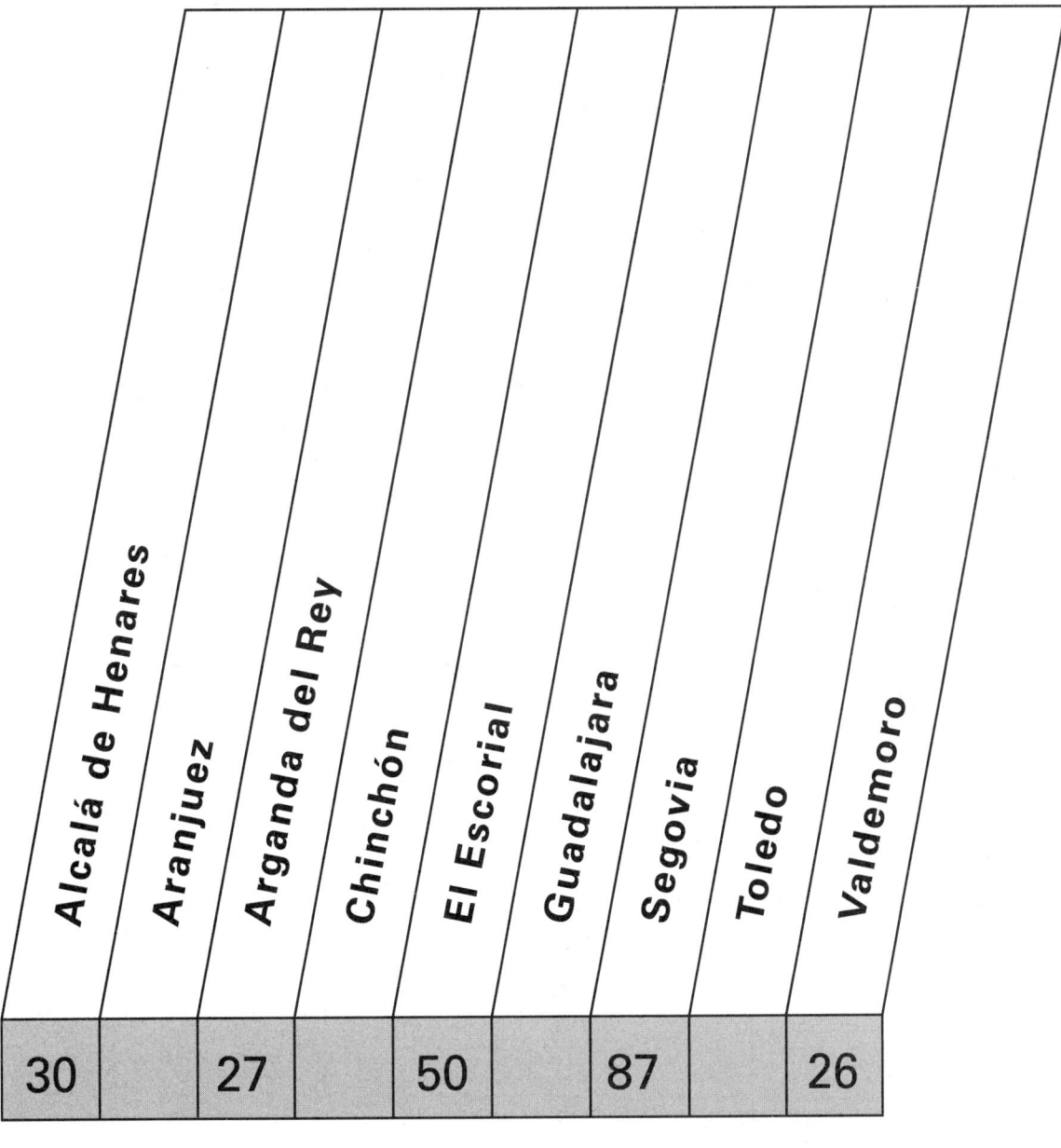

Alcalá de Henares	Aranjuez	Arganda del Rey	Chinchón	El Escorial	Guadalajara	Segovia	Toledo	Valdemoro
30		27		50		87		26

© by Vista Higher Learning, Inc. All rights reserved.

estructura 2.4

Estudiante 2

5 **¿A qué distancia...?** (student text p. 65) You and your partner have incomplete charts that indicate the distances between Madrid and various locations. Fill in the missing information on your chart by asking your partner questions.

modelo
Estudiante 1: ¿A qué distancia está Arganda del Rey?
Estudiante 2: Está a veintisiete kilómetros de Madrid.

Alcalá de Henares	Aranjuez	Arganda del Rey	Chinchón	El Escorial	Guadalajara	Segovia	Toledo	Valdemoro
47	27	54		55		71		

estructura - síntesis

Estudiante 1

¿Quién es Pedro? Complete the information about Pedro. Your partner has the information you are missing. Using the cues you see, ask him or her the correct questions and give him or her answers in complete sentences. Follow the model. Take notes in both the **Preguntas** column and the **Respuestas** column, because you will have to reconstruct all the information at the end. You start.

modelo
Estudiante 1 sees: ¿Quién (ser) Pedro?
Estudiante 2 sees: estudiante/ciencias/periodismo
Estudiante 1 says: ¿Quién es Pedro?
Estudiante 2 says: Pedro es un estudiante de ciencias y periodismo.

Preguntas	Respuestas
1. ¿Quién (ser) Pedro?	
2.	Pedro Raúl Vidal Ruiz
3. ¿De dónde (ser) Pedro?	
4.	Universidad/Sevilla/España
5. ¿Cuántas materias (tomar) en un semestre y cuáles (ser)?	
6.	física/química
7. ¿Qué clases (tomar) los martes y los jueves?	
8.	7:30
9. ¿Cuántos estudiantes (haber) en la clase de química?	
10.	68
11. ¿Dónde (desayunar)?	
12.	residencia estudiantil/6:30/tarde
13. ¿A qué hora (regresar) a la residencia estudiantil?	
14.	laboratorio/universidad
15. ¿Quién (ser) Miguel?	
16.	Julián Gutiérrez
17. ¿Dónde (practicar) el español?	
18.	librería/universidad
19. ¿Cuándo (escuchar) música?	
20.	no/domingos/descansar

Now, write down everything you have learned about Pedro on a separate sheet of paper.

Nombre _____ Fecha _____

estructura - síntesis

Estudiante 2

¿Quién es Pedro? Complete the information about Pedro. Your partner has the information you are missing. Using the cues you see, ask him or her the correct questions and give him or her answers in complete sentences. Follow the model. Take notes in both the **Preguntas** column and the **Respuestas** column, because you will have to reconstruct all the information at the end. Your partner starts.

> **modelo**
> Estudiante 1 sees: ¿Quién (ser) Pedro?
> Estudiante 2 sees: estudiante/ciencias/periodismo
> Estudiante 1 says: ¿Quién es Pedro?
> Estudiante 2 says: Pedro es un estudiante de ciencias y periodismo.

Preguntas	Respuestas
1.	estudiante/ciencias/periodismo
2. ¿Cuál (ser) el nombre completo?	
3.	California/Estados Unidos
4. ¿Dónde (estudiar)?	
5.	cuatro/física/química/sociología/español
6. ¿Qué clases (tomar) los lunes y los miércoles?	
7.	sociología/español
8. ¿A qué hora (llegar) a la universidad por la mañana?	
9.	93
10. ¿Cuántos estudiantes (haber) en la clase de sociología?	
11.	cafetería/universidad
12. ¿Dónde (cenar) y a qué hora?	
13.	6/tarde
14. ¿Dónde (preparar) Pedro la tarea de química?	
15.	compañero cuarto/Pedro
16. ¿Cómo (llamarse) el profesor de español?	
17.	laboratorio/lenguas extranjeras
18. ¿Dónde (comprar) los libros?	
19.	sábados/domingos
20. ¿(Estudiar) los domingos?	

Now, write down everything you have learned about Pedro on a separate sheet of paper.

Nombre _____ Fecha _____

estructura 2.2

Comunicación

4 **Encuesta** (student text p. 58) Change the categories in the first column into questions, and then use them to survey your classmates. Find at least one person for each category. Be prepared to report the results of your survey to the class.

Categorías	Nombre de tu compañero/a	Nombre de tu compañero/a
1. estudiar computación		
2. tomar una clase de psicología		
3. dibujar bien		
4. cantar bien		
5. escuchar música clásica		
6. escuchar jazz		
7. hablar mucho en clase		
8. desear viajar a España		

estructura 3.1

Estudiante 1

7 Diferencias (student text p. 92) You and your partner each have a drawing of a family. Find at least five more differences between your picture and your partner's.

modelo
Estudiante 1: Susana, la madre, es rubia.
Estudiante 2: No, la madre es morena.

estructura 3.1

Estudiante 2

7 Diferencias (student text p. 92) You and your partner each have a drawing of a family. Find at least five more differences between your picture and your partner's.

> **modelo**
> **Estudiante 1:** Susana, la madre, es rubia.
> **Estudiante 2:** No, la madre es morena.

Nombre _____ Fecha _____

estructura 3.3

Estudiante 1

6 **Horario** (student text p. 99) You and your partner each have incomplete versions of Alicia's schedule. Fill in the missing information on the schedule by talking to your partner. Be prepared to reconstruct Alicia's complete schedule with the class.

> **modelo**
> **Estudiante 1:** A las *ocho*, Alicia *corre*.
> **Estudiante 2:** ¡Ah, sí! *(Writes down information.)*
> **Estudiante 2:** A las *nueve*, ella...

Mi agenda
20 de octubre

8:00	correr
9:00	
9:30	deber ir (*go*) a la escuela
10:00	
11:00	
12:30	comer en la cafetería con Roberto y Luis
2:00	recibir y escribir correo electrónico (*e-mail*)
3:00	
4:00	leer en la biblioteca
5:00	
6:00	deber estar en casa y estudiar

Now compare your own daily planners to Alicia's.

estructura 3.3

Estudiante 2

6 Horario (student text p. 99) Your and your partner each have incomplete versions of Alicia's schedule. Fill in the missing information on the schedule by talking to your partner. Be prepared to reconstruct Alicia's complete schedule with the class.

> **modelo**
> **Estudiante 1:** A las *ocho*, Alicia *corre*.
> **Estudiante 2:** ¡Ah, sí! *(Writes down information.)*
> **Estudiante 2:** A las *nueve*, ella…

Mi agenda
20 de octubre

Hora	Actividad
8:00	
9:00	desayunar
9:30	
10:00	asistir a la clase de historia
11:00	asistir a la clase de arte
12:30	
2:00	
3:00	Compartir el libro de historia con Margarita en la biblioteca
4:00	
5:00	Cenar en un restaurante con la familia
6:00	

Now compare your own daily planners to Alicia's.

estructura 3.3

Comunicación

5 **Encuesta** (student text p. 99) Walk around the class and ask a different classmate a question about his/her family members. Be prepared to report the results of your survey to the class.

Actividades	Miembros de la familia
1. vivir en una casa	
2. beber café	
3. correr todos los días (*every day*)	
4. comer mucho en restaurantes	
5. recibir mucho correo electrónico (*e-mails*)	
6. comprender tres lenguas	
7. deber estudiar más (*more*)	
8. leer muchos libros	

Nombre _____ Fecha _____

contextos

Estudiante 1

7 **Crucigrama** (student text p. 119) You and your partner each have incomplete crossword puzzles. Yours has the words your partner needs and vice versa. In order to complete the puzzle, take turns giving each other clues, using definitions, examples, and phrases.

> **Modelo**
> 5 horizontal: Es un *deporte que practicamos en la piscina.*
> 8 vertical: Es un *mensaje que escribimos con lápiz o con bolígrafo.*

Lección 4 Communication Activities 17

Nombre _____ Fecha _____

contextos

Estudiante 2

7 **Crucigrama** (student text p. 119) You and your partner each have incomplete crossword puzzles. Yours has the words your partner needs and vice versa. In order to complete the puzzle, take turns giving each other clues, using definitions, examples, and phrases.

> **Modelo**
> **5 horizontal:** Es un *deporte que practicamos en la piscina.*
> **8 vertical:** Es un *mensaje que escribimos con lápiz o con bolígrafo.*

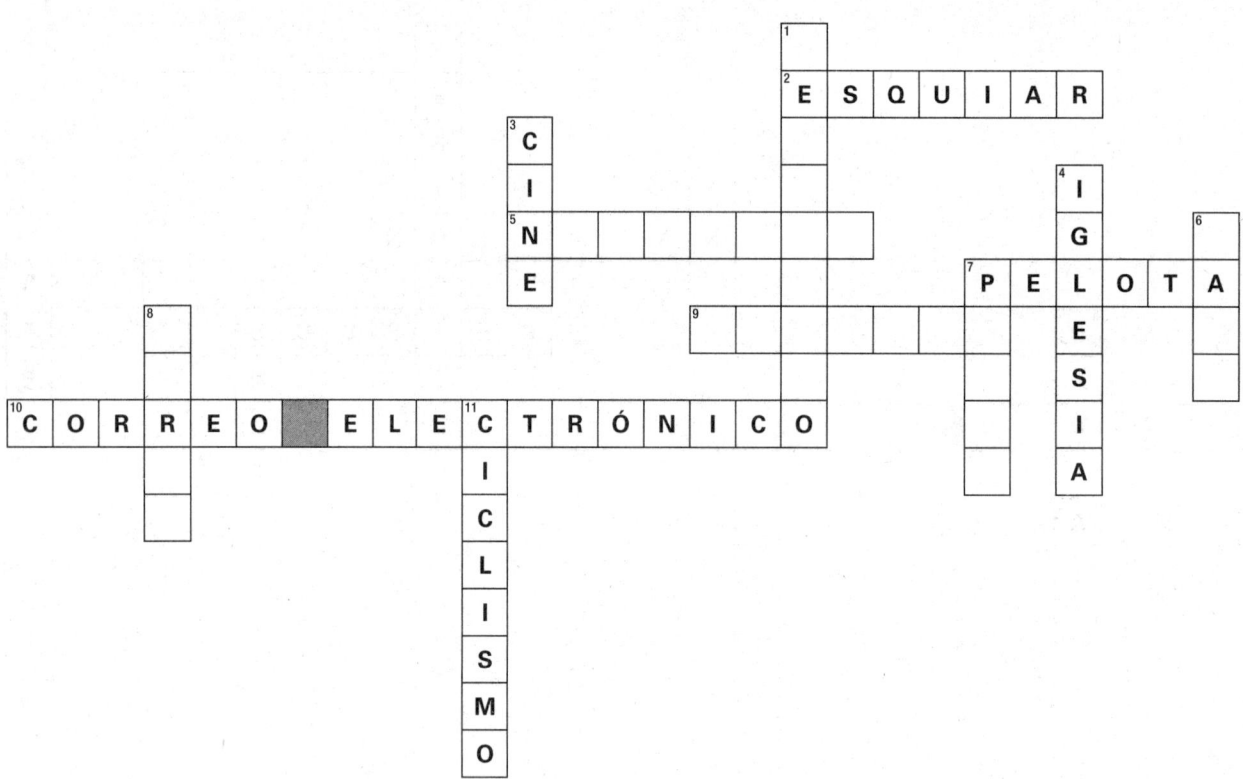

Lección 4 Communication Activities

Nombre _____ Fecha _____

estructura 4.2

Estudiante 1

6 Situación (student text p. 132) You and your partner each have a partially illustrated itinerary of a city tour. Complete the itineraries by asking each other questions using the verbs in the captions and vocabulary you have learned.

> **modelo**
> **Estudiante 1:** Por la mañana, empiezan en el café.
> **Estudiante 2:** Y luego…

Vocabulario útil

después *afterwards*	por la mañana *in the morning*
luego *later*	por la noche *at night*
más tarde *later*	por la tarde *in the afternoon*

empezar | | querer
| | almorzar | |
mostrar | | volver

Nombre _____ Fecha _____

estructura 4.2

Estudiante 2

6 **Situación** (student text p. 132) You and your partner each have a partially illustrated itinerary of a city tour. Complete the itineraries by asking each other questions using the verbs in the captions and vocabulary you have learned.

> **modelo**
> **Estudiante 1:** Por la mañana, empiezan en el café.
> **Estudiante 2:** Y luego…

Vocabulario útil

después *afterwards*	por la mañana *in the morning*
luego *later*	por la noche *at night*
más tarde *later*	por la tarde *in the afternoon*

Lección 4 Communication Activities

Nombre _____ Fecha _____

estructura 4.1

Comunicación

5 **Encuesta** (student text p. 128) Walk around the class and ask your classmates if they are going to do these activities today. Find one person to answer **Sí** and one to answer **No** for each item and note their names on the worksheet in the appropriate column. Be prepared to report your findings to the class.

modelo
Tú: ¿Vas a leer el periódico hoy?
Ana: Sí, voy a leer el periódico hoy. **Ana Sí**
Luis: No, no voy a leer el periódico hoy. **Luis No**

Actividades	Sí	No
1. comer en un restaurante chino		
2. leer el periódico		
3. escribir un mensaje electrónico		
4. correr 20 kilómetros		
5. ver una película de horror		
6. pasear en bicicleta		

estructura 4.3

Comunicación

4 **¿Quién?** (student text p. 134) Walk around the room and talk to your classmates until you find someone who does each of these activities. Use **e:ie, o:ue,** and **e:i** stem-changing verbs.

> **modelo**
> pedir consejos con frecuencia
> **Estudiante 1:** ¿Pides consejos con frecuencia?
> **Estudiante 2:** No, no pido consejos con frecuencia.
> **Estudiante 3:** Sí, pido consejos con frecuencia. *(Write students' names.)*

Actividades	¿Quién?
1. conseguir entradas gratis (*free*) para conciertos	
2. pedir consejos (*advice*) con frecuencia	
3. volver tarde a casa	
4. preferir leer en el gimnasio	
5. seguir las instrucciones de un manual	
6. perder el teléfono celular (*cell phone*) con frecuencia	

Nombre _____ Fecha _____

contextos

Estudiante 1

16 **Un viaje** (student text p. 157) You are planning a trip to Mexico and have many questions about your itinerary on which your partner, a travel agent, will advise you. You and your partner each have a handout with different instructions for acting out the roles.

Cliente/a
You have an appointment to meet with your travel agent to discuss your upcoming vacation to Mexico. You want to arrive on Monday, March 6, and return on Saturday, March 11. Your ideal destination offers a wide range of daytime and nighttime activities, a warm and sunny climate, and nice beaches. Look at the map and ask your travel agent questions to find out about places that interest you.

> **Vocabulario útil**
>
> ¿Qué tiempo hace en...?
> Mis preferencias son...
> Mis actividades favoritas son...
> Las fechas del viaje son...

Lección 5 Communication Activities   23

contextos

Estudiante 2

16 Un viaje (student text p. 157) Your partner is planning a trip to Mexico and has many questions about the itinerary on which you, a travel agent, will advise him or her. You and your partner each have a handout with different instructions for acting out the roles.

Agente

You are a travel agent who is meeting with a client about his or her upcoming vacation to Mexico. Look at the map in order to answer your client's questions about the weather and activities at places he or she might want to visit. After your client has made his or her decisions, record his or her vacation plans and other pertinent information on your office form.

VIAJES PARAÍSO

Nombre y apellidos _____
Teléfono _____
Viaja a _____
Fechas del _____ al _____
Viajan _____ personas
Actividades _____
_____

Nombre _____ Fecha _____

estructura 5.2

Estudiante 1

7 **¿Qué están haciendo?** (student text p. 169) A group of classmates is traveling to San Juan, Puerto Rico for a week-long Spanish immersion program. In order for the participants to be on time for their flight, you and your partner must locate them. You and your partner each have different handouts that will help you do this.

	¿Dónde está(n)?	¿Qué está(n) haciendo?
1.	Alicia	
2.	Azucena	
3.	Carmen	
4.	Felipe	
5.	Héctor	
6.	Mario y José	
7.	Marta y Susana	
8.	Paco	
9.	Pedro	
10.	Roberto	

Lección 5 Communication Activities

estructura 5.2

Estudiante 2

7 **¿Qué están haciendo?** (student text p. 169) A group of classmates is traveling to San Juan, Puerto Rico for a week-long Spanish immersion program. In order for the participants to be on time for their flight, you and your partner must locate them. You and your partner each have different handouts that will help you do this.

	¿Dónde está(n)?	¿Qué está(n) haciendo?
1.	Alicia	
2.	Azucena	
3.	Carmen	
4.	Felipe	
5.	Héctor	
6.	Mario y José	
7.	Marta y Susana	
8.	Paco	
9.	Pedro	
10.	Roberto	

Nombre _____ Fecha _____

contextos

Comunicación

13 **Encuesta** (student text p. 157) How does the weather affect what you do? Walk around the class and ask your classmates what they prefer or like to do in the weather conditions given. Note their responses on your worksheet. Make sure to personalize your survey by adding a few original questions to the list. Be prepared to report your findings to the class.

Tiempo	Actividades	Actividades
1. Hace mucho calor.		
2. Nieva.		
3. Hace buen tiempo.		
4. Hace fresco.		
5. Llueve.		
6. Está nublado.		
7. Hace mucho frío.		
8.		
9.		
10.		

estructura 6.3

Estudiante 1

6. El fin de semana (student text p. 209) You and your partner each have different incomplete charts about what four employees at **Almacén Gigante** did last weekend. After you fill out the chart based on each other's information, you will fill out the final column about your partner. Remember to use the preterite tense.

Vocabulario útil

abrir	comprar	leer	trabajar
acampar	correr	llegar	vender
bailar	escribir	mirar	ver
beber	hablar	oír	viajar
comer	jugar	tomar	volver

	Margarita	Pablo y Ramón	Señora Zapata	Mi compañero/a
El viernes por la noche	[dancing]		[working at cash register]	
El sábado por la mañana		[shopping for shoes]		
El sábado por la noche	[talking at a table]	[watching TV]		
El domingo			[reading on a bus]	

estructura 6.3

Estudiante 2

6 **El fin de semana** (student text p. 209) You and your partner each have different incomplete charts about what four employees at **Almacén Gigante** did last weekend. After you fill out the chart based on each other's information, you will fill out the final column about your partner. Remember to use the preterite tense.

Vocabulario útil

abrir	comprar	leer	trabajar
acampar	correr	llegar	vender
bailar	escribir	mirar	ver
beber	hablar	oír	viajar
comer	jugar	tomar	volver

	Margarita	Pablo y Ramón	Señora Zapata	Mi compañero/a
El viernes por la noche		[imagen]		
El sábado por la mañana	[imagen]		[imagen]	
El sábado por la noche			[imagen]	
El domingo	[imagen]	[imagen]		

estructura 6.4

Estudiante 1

6 **Diferencias** (student text p. 213) You and your partner each have a drawing of a store. They are almost identical, but not quite. Use demonstrative adjectives and pronouns to find seven differences.

modelo
Estudiante 1: Aquellas gafas de sol son feas, ¿verdad?
Estudiante 2: No. Aquellas gafas de sol son hermosas.

estructura 6.4

Estudiante 2

6 Diferencias (student text p. 213) You and your partner each have a drawing of a store. They are almost identical, but not quite. Use demonstrative adjectives and pronouns to find seven differences.

modelo
Estudiante 1: Aquellas gafas de sol son feas, ¿verdad?
Estudiante 2: No. Aquellas gafas de sol son hermosas.

Nombre _____ Fecha _____

estructura 7.1

Estudiante 1

8 **La familia ocupada** (student text p. 239) Tú y tu compañero/a asisten a un programa de verano en Lima, Perú. Viven con la familia Ramos. Tienes la rutina incompleta que la familia sigue en las mañanas. Trabaja con tu compañero/a para completarla.

> **modelo**
> **Estudiante 1:** ¿Qué hace el señor Ramos a las seis y cuarto?
> **Estudiante 2:** El señor Ramos se levanta.

	El Sr. Ramos	La Sra. Ramos	Pepito y Pablo	Sara y nosotros/as
6:15		levantarse	dormir	
6:30	ducharse	peinarse		dormir
6:45			dormir	
7:00	despertar a Sara	maquillarse		
7:15			levantarse	peinarse
7:30	desayunar		bañarse	
7:45	lavar los platos			desayunar
8:00		irse con Pepito y Pablo		ir al campamento de verano (*summer camp*)
8:15	ir al trabajo		jugar con su primo	

Lección 7 Communication Activities

estructura 7.1

Estudiante 2

8 **La familia ocupada** (student text p. 239) Tú y tu compañero/a asisten a un programa de verano en Lima, Perú. Viven con la familia Ramos. Tienes la rutina incompleta que la familia sigue en las mañanas. Trabaja con tu compañero/a para completarla.

> **modelo**
> **Estudiante 1:** ¿Qué hace el señor Ramos a las seis y cuarto?
> **Estudiante 2:** El señor Ramos se levanta.

	El Sr. Ramos	La Sra. Ramos	Pepito y Pablo	Sara y nosotros/as
6:15	levantarse			dormir
6:30			dormir	
6:45	afeitarse	ducharse		dormir
7:00			dormir	levantarse
7:15	preparar el café	despertar a Pepito y a Pablo		
7:30		bañar a Pepito y a Pablo		ducharse
7:45		desayunar	desayunar	
8:00	llevar a Sara y a nosotros/as al campamento de verano (summer camp)		irse con su mamá	
8:15		visitar a su hermana		nadar

Nombre _____ Fecha _____

estructura 7.4

Estudiante 1

6 **La residencia** (student text p. 249) Tú y tu compañero/a de clase son los directores de una residencia estudiantil en Perú. Cada uno de ustedes tiene las descripciones de cinco estudiantes. Con la información tienen que escoger (*choose*) quiénes van a ser compañeros de cuarto. Después, completen la lista.

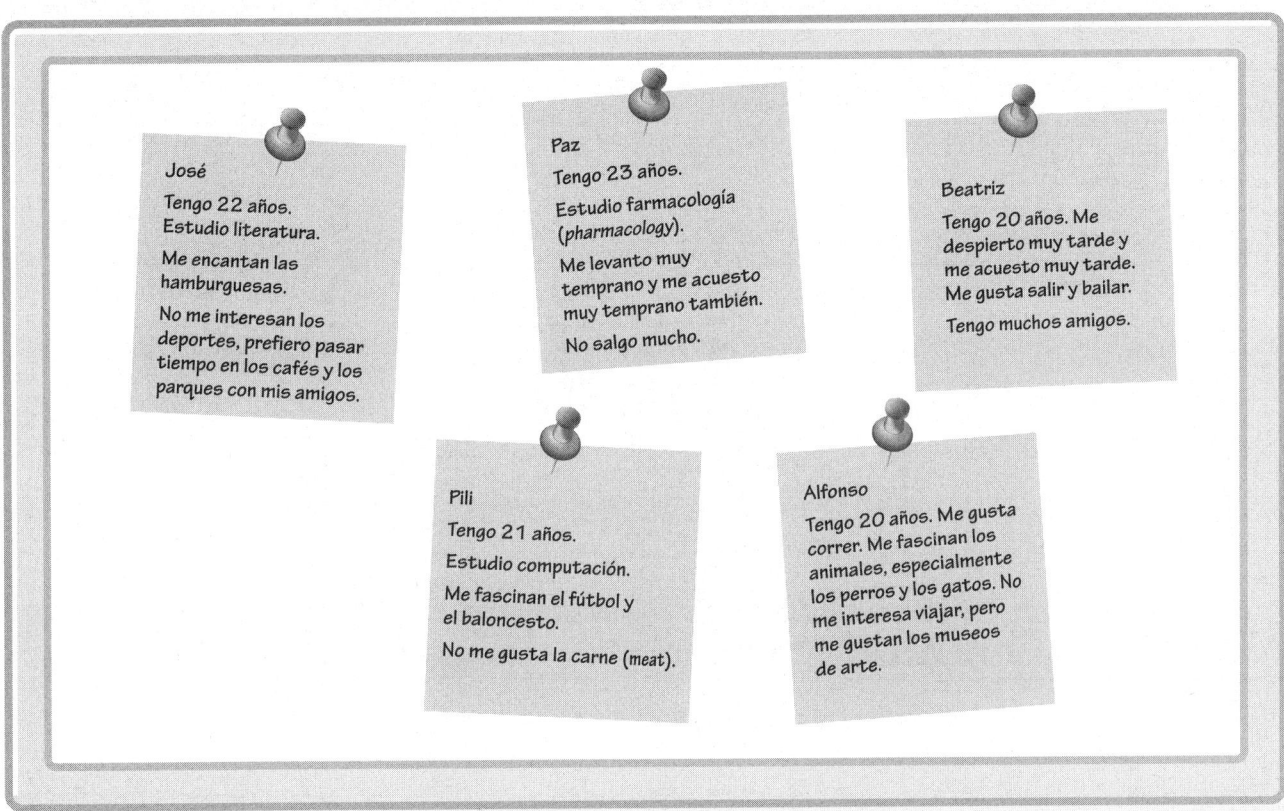

1. Habitación 201: _____ y _____

   ¿Por qué? _____

2. Habitación 202: _____ y _____

   ¿Por qué? _____

3. Habitación 203: _____ y _____

   ¿Por qué? _____

4. Habitación 204: _____ y _____

   ¿Por qué? _____

5. Habitación 205: _____ y _____

   ¿Por qué? _____

Lección 7

Communication Activities

© by Vista Higher Learning, Inc. All rights reserved.   **Lección 7** Communication Activities   **35**

estructura 7.4

Estudiante 2

6 **La residencia** (student text p. 249) Tú y tu compañero/a de clase son los directores de una residencia estudiantil en Perú. Cada uno de ustedes tiene las descripciones de cinco estudiantes. Con la información tienen que escoger (*choose*) quiénes van a ser compañeros de cuarto. Después, completen la lista.

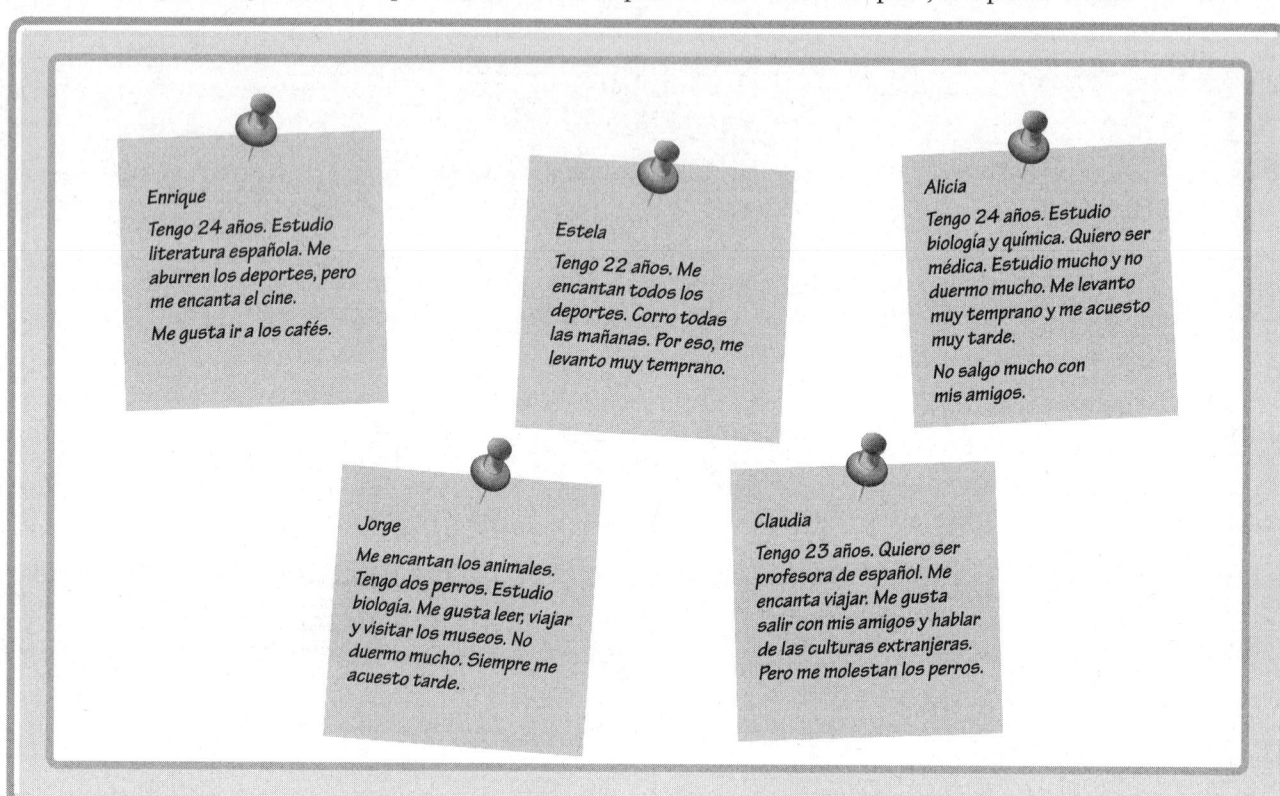

Enrique
Tengo 24 años. Estudio literatura española. Me aburren los deportes, pero me encanta el cine.
Me gusta ir a los cafés.

Estela
Tengo 22 años. Me encantan todos los deportes. Corro todas las mañanas. Por eso, me levanto muy temprano.

Alicia
Tengo 24 años. Estudio biología y química. Quiero ser médica. Estudio mucho y no duermo mucho. Me levanto muy temprano y me acuesto muy tarde.
No salgo mucho con mis amigos.

Jorge
Me encantan los animales. Tengo dos perros. Estudio biología. Me gusta leer, viajar y visitar los museos. No duermo mucho. Siempre me acuesto tarde.

Claudia
Tengo 23 años. Quiero ser profesora de español. Me encanta viajar. Me gusta salir con mis amigos y hablar de las culturas extranjeras. Pero me molestan los perros.

1. Habitación 201: _____ y _____

    ¿Por qué? _____

2. Habitación 202: _____ y _____

    ¿Por qué? _____

3. Habitación 203: _____ y _____

    ¿Por qué? _____

4. Habitación 204: _____ y _____

    ¿Por qué? _____

5. Habitación 205: _____ y _____

    ¿Por qué? _____

estructura 7.2

Síntesis

7 **Encuesta** (student text p. 243) Circula por la clase y pídeles a tus compañeros/as que comparen las actividades que hacen durante la semana con las que hacen durante los fines de semana. Escribe las respuestas.

modelo
Tú: ¿Te acuestas tarde los fines de semana?
Susana: Me acuesto tarde algunas veces los fines de semana, pero nunca durante la semana.

Actividades	Nombres de tus compañeros/as	Siempre	Nunca	Algunas veces
1. acostarse tarde				
2. comer en un restaurante				
3. irse a casa				
4. ir al mercado o al centro comercial				
5. ir de compras con algunos amigos				
6. levantarse temprano				
7. limpiar (*to clean*) su cuarto				
8. mirar la televisión				
9. pasear en bicicleta				
10. quedarse en su cuarto por la noche				
11. salir con alguien				
12. sentarse a leer periódicos o revistas				

contextos

Estudiante 1

11 **Crucigrama** (student text p. 267) Tú y tu compañero/a tienen un crucigrama (*crossword puzzle*) incompleto. Tú tienes las palabras que necesita tu compañero/a y él/ella tiene las palabras que tú necesitas. Tienen que darse pistas (*clues*) para completarlo. No pueden decir la palabra; deben utilizar definiciones, ejemplos y frases.

> **modelo**
> **6 vertical:** Es un condimento que normalmente viene con la sal.
> **12 horizontal:** Es una fruta amarilla.

Lección 8 — Communication Activities

contextos

Estudiante 2

11 **Crucigrama** (student text p. 267) Tú y tu compañero/a tienen un crucigrama (*crossword puzzle*) incompleto. Tú tienes las palabras que necesita tu compañero/a y él/ella tiene las palabras que tú necesitas. Tienen que darse pistas (*clues*) para completarlo. No pueden decir la palabra; deben utilizar definiciones, ejemplos y frases.

> **modelo**
> 6 vertical: Es un condimento que normalmente viene con la sal.
> 12 horizontal: Es una fruta amarilla.

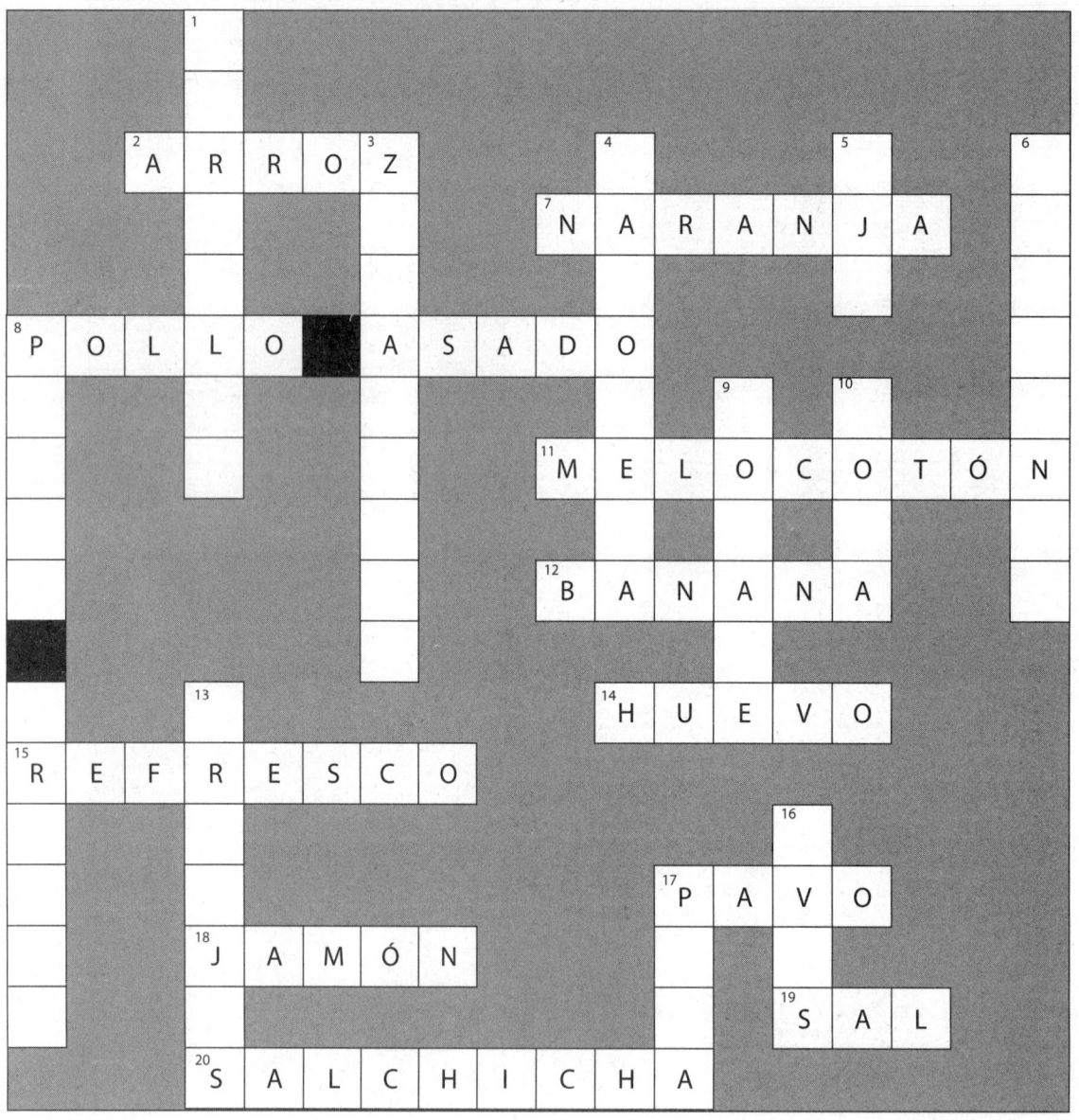

Lección 8 Communication Activities

estructura 8.2

Estudiante 1

5 **Regalos de Navidad** (student text p. 280) Tú y tu compañero/a tienen una parte de la lista de los regalos de Navidad (*Christmas gifts*) que Berta pidió y los regalos que sus parientes le compraron. Conversen para completar sus listas.

> **modelo**
> **Estudiante 1:** ¿Qué le pidió Berta a su mamá?
> **Estudiante 2:** Le pidió una computadora. ¿Se la compró?
> **Estudiante 1:** Sí, se la compró.

	Lo que Berta pidió	Lo que sus parientes le compraron
1.	a su mamá:	su mamá: una computadora
2.	a su papá: un estéreo	su papá:
3.	a su abuelita: una bicicleta	su abuelita:
4.	a su tío Samuel:	su tío Samuel: una mochila
5.	a su hermano Raúl:	su hermano Raúl: zapatos de tenis
6.	a su hermanastra: zapatos de tenis	su hermanastra:
7.	a sus tíos Juan y Rebeca: sandalias	sus tíos Juan y Rebeca:
8.	a su prima Nilda:	su prima Nilda: un sombrero

estructura 8.2

Estudiante 2

5 **Regalos de Navidad** (student text p. 280) Tú y tu compañero/a tienen una parte de la lista de los regalos de Navidad (*Christmas gifts*) que Berta pidió y los regalos que sus parientes le compraron. Conversen para completar sus listas.

> **modelo**
> **Estudiante 1:** ¿Qué le pidió Berta a su mamá?
> **Estudiante 2:** Le pidió una computadora. ¿Se la compró?
> **Estudiante 1:** Sí, se la compró.

	Lo que Berta pidió	Lo que sus parientes le compraron
1.	a su mamá: una computadora	su mamá:
2.	a su papá:	su papá: una radio
3.	a su abuelita:	su abuelita: un suéter
4.	a su tío Samuel: una mochila	su tío Samuel:
5.	a su hermano Raúl: una blusa	su hermano Raúl:
6.	a su hermanastra:	su hermanastra: sandalias
7.	a sus tíos Juan y Rebeca:	sus tíos Juan y Rebeca: un libro
8.	a su prima Nilda: una camisa	su prima Nilda:

estructura 8.4

Práctica

2 **Completar** (student text p. 287) Con la información en esta hoja, completa las oraciones en tu libro de texto acerca de (*about*) José, Ana y sus familias con palabras de la lista.

NOMBRE: José Valenzuela Carranza

NACIONALIDAD: venezolano

CARACTERÍSTICAS: 5'6", 34 años, moreno y muy, muy guapo

PROFESIÓN: periodismo; premio (*award*) Mejor Periodista de la Ciudad

FAMILIA: Abuelo (98 años), abuela (89 años), mamá, papá, 7 hermanas
y hermanos mayores y más altos

GUSTOS: trabajar muchísimo en su profesión y leer literatura
ir a muchas fiestas, bailar y cantar
viajar por todo el mundo
jugar al baloncesto con sus hermanos (pero juega demasiado mal)
estar con Fifí, una perra (*dog f.*) refinadísima, pero muy antipática

---

NOMBRE: Ana Orozco Hoffman

NACIONALIDAD: mexicana

CARACTERÍSTICAS: 5'9", 38 años, morena de ojos azules

PROFESIÓN: economía

FAMILIA: Mamá, papá, madrastra, dos medios hermanos,
Jorge de 11 años y Mauricio de 9

GUSTOS: viajar
jugar al baloncesto (*#1* del estado), nadar, bucear y esquiar
hablar alemán
jugar juegos (*games*) electrónicos con sus hermanitos
(No juega mal. Jorge es excelente.)

estructura 9.3

Estudiante 1

3 **Quinceañera** (student text p. 317) Trabaja con un(a) compañero/a. Tu compañero/a es el/la director(a) del salón de fiestas "Renacimiento". Tú eres el padre/la madre de Sandra, y quieres hacer la fiesta de quince años de tu hija gastando menos de $25 por invitado/a. Aquí tienes la mitad (*half*) de la información necesaria para confirmar la reservación; tu compañero/a tiene la otra mitad.

> **modelo**
> **Estudiante 1:** ¿Cuánto cuestan los entremeses?
> **Estudiante 2:** Depende. Puede escoger champiñones por 50 centavos o camarones por dos dólares.
> **Estudiante 1:** ¡Uf! A mi hija le gustan los camarones, pero son muy caros.
> **Estudiante 2:** Bueno, también puede escoger quesos por un dólar por invitado.

Número de invitados: 200
Comidas: queremos una variedad de comida para los vegetarianos y los no vegetarianos
Presupuesto (budget): máximo $25 por invitado
Otras preferencias: ¿posible traer mariachis?

	Opción 1	Opción 2
Entremeses		
Primer plato (*opcional*)		
Segundo plato (*opcional*)		
Carnes y pescados		
Verduras		
Postres		
Bebidas		
Total $		

estructura 9.3

Estudiante 2

3 **Quinceañera** (student text p. 317) Trabaja con un(a) compañero/a. Tú eres el/la director(a) del salón de fiestas "Renacimiento". Tu compañero/a es el padre/la madre de Sandra, quien quiere hacer la fiesta de quince años de su hija gastando menos de $25 por invitado/a. Aquí tienes la mitad (*half*) de la información necesaria para confirmar la reservación; tu compañero/a tiene la otra mitad.

> **modelo**
> **Estudiante 1:** ¿Cuánto cuestan los entremeses?
> **Estudiante 2:** Depende. Puede escoger champiñones por 50 centavos o camarones por dos dólares.
> **Estudiante 1:** ¡Uf! A mi hija le gustan los camarones, pero son muy caros.
> **Estudiante 2:** Bueno, también puede escoger quesos por un dólar por invitado.

Salón de fiestas "Renacimiento"

Número de invitados: _____
Otras preferencias: _____
Presupuesto: $ _____ por invitado

Menú

Entremeses	Champiñones: $0,50 por invitado	Camarones: $2 por invitado	Quesos: $1 por invitado	Verduras frescas: $0,50 por invitado
Primer plato	Sopa de cebolla: $1 por invitado	Sopa del día: $1 por invitado	Sopa de verduras: $1 por invitado	
Segundo plato	Ensalada mixta: $2 por invitado	Ensalada César: $3 por invitado		
Carnes y pescados	Bistec: $10 por invitado	Langosta: $15 por invitado	Pollo asado: $7 por invitado	Salmón: $12 por invitado
Verduras	Maíz, arvejas: $1 por invitado	Papa asada, papas fritas: $1 por invitado	Arroz: $0,50 por invitado	Zanahorias, espárragos: $1,50 por invitado
Postres	Pastel: $2 por invitado	Flan: $1 por invitado	Helado: $0,50 por invitado	Frutas frescas, pasteles y galletas: $2 por invitado
Bebidas	Champán: $3 por invitado	Vinos, cerveza: $4 por invitado	Café, té: $0,50 por invitado	Refrescos: $1 por invitado

Precio total $ _____

estructura 9.4

Estudiante 1

2 Compartir (student text p. 319) En parejas, hagan preguntas para saber dónde está cada una de las personas en el dibujo. Ustedes tienen dos versiones diferentes de la ilustración. Al final deben saber dónde está cada persona.

modelo
Estudiante 1: ¿Quién está al lado de Óscar?
Estudiante 2: Alfredo está al lado de él.

Alfredo	Dolores	Graciela	Raúl
Sra. Blanco	Enrique	Leonor	Rubén
Carlos	Sra. Gómez	Óscar	Yolanda

Vocabulario útil

a la derecha de   delante de
a la izquierda de   detrás de
al lado de   en medio de

estructura 9.4

Estudiante 2

2 Compartir (student text p. 319) En parejas, hagan preguntas para saber dónde está cada una de las personas en el dibujo. Ustedes tienen dos versiones diferentes de la ilustración. Al final deben saber dónde está cada persona.

> **modelo**
> **Estudiante 1:** ¿Quién está al lado de Óscar?
> **Estudiante 2:** Alfredo está al lado de él.

Alfredo	Dolores	Graciela	Raúl
Sra. Blanco	Enrique	Leonor	Rubén
Carlos	Sra. Gómez	Óscar	Yolanda

Vocabulario útil

a la derecha de   delante de
a la izquierda de detrás de
al lado de   en medio de

contextos

Comunicación

8 **Encuesta** (student text p. 303) Haz las preguntas de la hoja a dos o tres compañeros/as de clase para saber qué actitudes tienen en sus relaciones personales. Luego comparte los resultados de la encuesta (*survey*) con la clase y comenta tus conclusiones.

Preguntas	Nombres	Actitudes
1. ¿Te importa la amistad? ¿Por qué?		
2. ¿Es mejor tener un(a) buen(a) amigo/a o muchos/as amigos/as?		
3. ¿Cuáles son las características que buscas en tus amigos/as?		
4. ¿A qué edad es posible enamorarse?		
5. ¿Deben las parejas hacer todo juntos? ¿Deben tener las mismas opiniones? ¿Por qué?		

estructura 9.1

Comunicación

4 **Encuesta** (student text p. 313) Para cada una de las actividades de la lista, encuentra a alguien que hizo esa actividad en el tiempo indicado.

> **modelo**
> traer dulces a clase
> **Estudiante 1:** ¿Trajiste dulces a clase?
> **Estudiante 2:** Sí, traje galletas y helado a la fiesta del fin del semestre.

Actividades	Nombres	Nombres
1. ponerse un disfraz (*costume*) de Halloween		
2. traer dulces a clase		
3. llegar a la escuela en auto		
4. estar en la biblioteca ayer		
5. dar un regalo a alguien ayer		
6. poder levantarse temprano esta mañana		
7. hacer un viaje a un país hispano en el verano		
8. ver una película anoche		
9. ir a una fiesta el fin de semana pasado		
10. tener que estudiar el sábado pasado		

Nombre _____ Fecha _____

Bienvenida, Marissa

Lección 1

Antes de ver el video

1 **¡Mucho gusto!** In this episode, Marissa will be meeting the **familia Díaz** for the first time. Look at the image and write down what you think Marissa, Mrs. Díaz, and Mr. Díaz are saying.

_____
_____
_____
_____
_____
_____
_____

Mientras ves el video

2 **Completar** Watch **Bienvenida, Marissa** and fill in the blanks in the following sentences.

SRA. DÍAZ ¿(1)_____ hora es?

MARISSA (2)_____ las cuatro menos diez.

DON DIEGO Buenas tardes, (3)_____. Señorita, bienvenida a la Ciudad de México.

MARISSA ¡Muchas gracias! Me (4)_____ Marissa.
¿(5)_____ se llama usted?

DON DIEGO Yo soy Diego, mucho (6)_____.

MARISSA El gusto es (7)_____, don Diego.

DON DIEGO ¿Cómo (8)_____ usted hoy, señora Carolina?

SRA. DÍAZ Muy bien, gracias, ¿y (9)_____?

DON DIEGO Bien, (10)_____.

SRA. DÍAZ Ahí hay (11)_____ maletas. Son de Marissa.

DON DIEGO Con (12)_____.

3 **¿Cierto o falso?** Indicate whether each statement is **cierto** or **falso**.

	Cierto	Falso
1. Marissa es de Wisconsin.	○	○
2. Jimena es profesora.	○	○
3. La señora Díaz es de Cuba.	○	○
4. Felipe es estudiante.	○	○
5. El señor Díaz es de la Ciudad de México.	○	○
6. Marissa no tiene (_doesn't have_) diccionario.	○	○

Después de ver el video

4 **¿Quién?** Write the name of the person who said each of the following sentences.

1. Ellos son estudiantes. _____
2. Son las cuatro y veinticinco. _____
3. Hasta luego, señor Díaz. _____
4. La chica de Wisconsin. _____
5. Bienvenida, Marissa. _____
6. Nosotros somos tu diccionario. _____
7. Hay... tres cuadernos... un mapa... un libro de español... _____
8. Marissa, te presento a Roberto, mi esposo. _____
9. De nada. _____
10. Lo siento, Marissa. _____
11. ¿Cómo se dice mediodía en inglés? _____
12. No hay de qué. _____
13. ¿Qué hay en esta cosa? _____
14. ¿Quiénes son los dos chicos de las fotos? ¿Jimena y Felipe? _____
15. Gracias, don Diego. _____

5 **Ho, ho, hola...** Imagine that you have just met the boy or girl of your dreams, and that person speaks only Spanish! Don't be shy! Write what the two of you would say in your first conversation.

_____
_____
_____
_____
_____
_____

6 **En la clase** Imagine that you are in Mexico studying Spanish. Write the conversation you have with your Spanish teacher on the first day you attend school.

_____
_____
_____
_____
_____
_____
_____

Nombre _____ Fecha _____

¿Qué estudias?   Lección 2

Antes de ver el video

1 **Impresiones** Based on your impressions of Marissa, Felipe, and Jimena in **Lección 1**, write the names of the classes you think each person is taking or is most interested in. Circle the name of the person you believe is the most studious, and underline the name of the character you believe is the most talkative.

MARISSA	FELIPE	JIMENA
_____	_____	_____
_____	_____	_____
_____	_____	_____

Mientras ves el video

2 **¿Quién y a quién?** Watch **¿Qué estudias?** and say who asks these questions and to whom.

Preguntas	¿Quién?	¿A quién?
1. ¿A quién buscas?	_____	_____
2. ¿Cuántas clases tomas?	_____	_____
3. ¿Qué estudias?	_____	_____
4. ¿Dónde está tu diccionario?	_____	_____
5. ¿Hablas con tu mamá?	_____	_____

3 **¿Qué cosas hay?** Make a check mark beside the actions, items and places shown in **¿Qué estudias?**

____ 1. libros   ____ 5. comprar   ____ 9. pizarra
____ 2. laboratorio   ____ 6. tiza   ____ 10. dibujar
____ 3. caminar   ____ 7. hablar   ____ 11. reloj
____ 4. castillo   ____ 8. horario   ____ 12. mochila

4 **Completar** Fill in the blanks.

1. Marissa está en México para _____.
2. Marissa toma cuatro _____.
3. La _____ de Marissa es arqueología.
4. La especialización de Miguel es _____.
5. A Miguel le gusta _____.
6. Marissa _____ muy bien el español.
7. Juan Carlos toma química con el _____ Morales.
8. El profesor Morales enseña en un laboratorio sin _____.
9. A Felipe le gusta estar _____ el reloj y la puerta.
10. Maru _____ con su mamá.

Lección 2 Fotonovela Video Activities

Nombre _____ Fecha _____

Después de ver el video

5 **Corregir** The underlined words in the following statements are incorrect. Fill in the blanks with the correct ones.

1. <u>Maru</u> es de los Estados Unidos. _____
2. <u>Miguel</u> toma una clase de computación. _____
3. <u>Felipe</u> necesita comprar libros. _____
4. En clase, a Marissa le gusta estar cerca <u>del reloj</u>. _____
5. <u>Felipe</u> es de Argentina. _____
6. Marissa toma español, <u>periodismo</u>, literatura y geografía. _____
7. Felipe busca a Juan Carlos y a <u>Maru</u>. _____
8. Felipe necesita practicar <u>español</u>. _____

6 **Asociar** Write the words or phrases in the box next to the names.

¿A la biblioteca?	cuatro clases	¿Por qué tomo química
arqueología	Ésta es la Ciudad de México.	y computación?
Buenos Aires	Hola, mamá, ¿cómo estás?	Te gusta la tarea.
ciencias ambientales	Me gusta mucho la cultura mexicana.	Y sin diccionario.

1. Marissa _____   3. Juan Carlos _____

2. Felipe _____   4. Maru _____

7 **¿Y tú?** Write a paragraph saying who you are, where you are from, where you study (city and name of university), and what classes you are taking this semester.

_____
_____
_____
_____
_____
_____
_____
_____
_____
_____
_____

Nombre _____ Fecha _____

Un domingo en familia   Lección 3

Antes de ver el video

1 **Examinar el título** Look at the title of the episode. Based on the title and the image below, imagine what you think you will see.

_____
_____
_____
_____
_____
_____
_____

Mientras ves el video

2 **Completar** Fill in the blanks for each sentence from column A with a word from column B, according to **Un domingo en familia**.

A	B
1. Marta _____ ocho años.	trabajadora
2. Las hijas de Nayeli son simpáticas y _____.	tiene
3. La _____ de Ramón y Roberto se llama Ana María.	vive
4. Jimena dice que Felipe es _____ y feo.	gordo
5. Jimena es muy _____.	bonitas
6. Ana María _____ en Mérida.	hermana

3 **En Xochimilco** Check off each person or thing that appears.

___ 1. a Biology book   ___ 5. Felipe's uncle   ___ 9. people eating
___ 2. Marissa's grandparents ___ 6. a soccer ball   ___ 10. Felipe's girlfriend
___ 3. Jimena's cousins   ___ 7. trajineras   ___ 11. Jimena's dad
___ 4. a desk   ___ 8. mariachis   ___ 12. Ana María's son-in-law

4 **¿Cierto o falso?** Indicate whether each statement is **cierto** or **falso**.

	Cierto	Falso
1. Felipe tiene mucha hambre.	○	○
2. El ex novio de Marissa es alemán.	○	○
3. Ana María tiene tres hijos.	○	○
4. Marissa tiene una sobrina que se llama Olivia.	○	○
5. La señora Díaz dice que su cuñada es muy simpática.	○	○

Nombre _____ Fecha _____

Después de ver el video

5 Seleccionar Select the letter of the word or phrase that goes in each sentence.

1. Roberto es el _____ de Felipe y Jimena.
   a. tío   b. primo   c. padre   d. sobrino
2. Los abuelos de Marissa son _____.
   a. ecuatorianos   b. españoles   c. mexicanos   d. alemanes
3. Adam es el _____ de Marissa.
   a. hermano menor   b. tío   c. primo   d. cuñado
4. Carolina tiene una _____ que se llama Ana María.
   a. tía   b. cuñada   c. hermana   d. prima
5. Las _____ de Nayeli son _____.
   a. primas; altas   b. hermanas; trabajadoras   c. hijas; simpáticas   d. sobrinas; guapas
6. La _____ de Nayeli es muy _____.
   a. sobrina; trabajadora   b. abuela; vieja   c. mamá; simpática   d. tía; alta
7. La _____ de Carolina tiene _____.
   a. tía; hambre   b. hija; sed   c. sobrina; frío   d. familia; sueño
8. Marissa decide ir a _____.
   a. la librería   b. la cafetería c. Mérida   d. el estadio

6 Preguntas Answer the questions, using complete sentences.

1. ¿Quién tiene tres hermanos?
   _____
2. ¿Cuántos años tiene Valentina, la hija de Nayeli?
   _____
3. ¿Quién es hija única?
   _____
4. ¿Cómo se llama el hermano de Jimena?
   _____
5. ¿Cómo se llama el padre de Felipe?
   _____

7 Preguntas personales Answer the questions about your family.

1. ¿Cuántas personas hay en tu familia? ¿Cuál es más grande (*bigger*), tu familia o la familia de Jimena? _____
   _____
2. ¿Tienes hermanos/as? ¿Cómo se llaman? _____
   _____
3. ¿Tienes un(a) primo/a favorito/a? ¿Cómo es? _____
   _____
4. ¿Cómo es tu tío/a favorito/a? ¿Dónde vive? _____
   _____

Nombre _____ Fecha _____

Fútbol, cenotes y mole

Lección 4

Antes de ver el video

1 **El cenote** In this episode, Miguel, Maru, Marissa, and Jimena are going to a *cenote* to swim. What do you think they will see? What will they talk about?

_____
_____
_____
_____
_____
_____
_____

Mientras ves el video

2 **Verbos** These sentences are taken from **Fútbol, cenotes y mole**. As you watch this segment, fill in the blanks with the missing verbs.

1. ¿No vamos a _____? ¿Qué es un cenote?
2. Ella nada y _____ al tenis y al golf.
3. Bueno, chicos, ya es hora, ¡_____!
4. Si _____, compramos el almuerzo.

3 **¿Qué ves?** Check what you see.

___ 1. una pelota de fútbol
___ 2. un mensaje de correo electrónico
___ 3. una iglesia
___ 4. un mapa
___ 5. un periódico
___ 6. un restaurante
___ 7. una plaza
___ 8. un cine

4 **Completar** Fill in the blanks in Column A with words from Column B.

A	B
1. Miguel dice que un cenote es una _____ natural.	montañas
2. Marissa dice que donde ella vive no hay _____.	pasatiempos
3. La tía Ana María tiene muchos _____ y actividades.	almorzar
4. La tía Ana María va al cine y a los _____.	museos
5. Eduardo y Pablo dicen que hay un partido de fútbol en el _____.	nadan
	piscina
6. Don Guillermo dice que hay muchos _____ buenos en Mérida.	restaurantes
7. Felipe desea _____ mole.	parque
8. Marissa y sus amigos _____ en el cenote.	

Nombre _____ Fecha _____

Después de ver el video

5 **¿Qué hacen?** For numbers 1–11, fill in the missing letters in each word. For number 12, put the letters in the boxes in the right order.

1. Pablo dice que si no consigue más jugadores, su equipo va a □ __ __ d __ __.
2. Miguel dice que en México sólo hay __ __ n __ __ __ □ en la península de Yucatán.
3. Felipe dice que el restaurante del mole está en el __ __ __ □ __ o.
4. La tía Ana María sale mucho los __ __ n __ □ de semana.
5. Don Guillermo dice que hay un buen restaurante en la □ __ a __ __.
6. El mole de la tía Ana María es el __ __ v __ __ □ __ __ de Jimena.
7. Juan Carlos y Felipe van a __ __ __ □ r al fútbol con Eduardo y Pablo.
8. Eduardo juega con la p □ __ __ __ __ después del partido.
9. Eduardo y Pablo van a pagar lo que Felipe y Juan Carlos van a □ __ m __ __ __ __ __.
10. Marissa no escala □ __ __ t __ __ __ __.
11. Los chicos hablan con don Guillermo después de jugar al __ __ __ b □ __.
12. La tía Ana María tiene muchos _____.

6 **Me gusta** Fill in the chart with the activities, hobbies, or sports that you enjoy. Also say when and where you do each activity.

Mis pasatiempos favoritos	¿Cuándo?	¿Dónde?

7 **Preguntas** Answer these questions in Spanish.

1. ¿Son aficionados/as a los deportes tus amigos/as? ¿Cuáles son sus deportes favoritos?
   _____
   _____
   _____

2. ¿Qué hacen tú y tus amigos/as cuando tienen ratos libres?
   _____
   _____
   _____

3. ¿Qué vas a hacer esta noche? ¿Vas a estudiar? ¿Descansar? ¿Mirar televisión? ¿Ver una película? ¿Por qué? _____
   _____
   _____
   _____

¡Vamos a la playa!

Lección 5

Antes de ver el video

1 **¿Qué hacen?** The six friends have just arrived at the beach. Based on the image, what do you think Maru and Jimena are doing? What do you think they will do next?

_____
_____
_____
_____
_____
_____
_____
_____

Mientras ves el video

2 **¿Quién?** Watch the episode and write the name of the person that goes with each expression.

Expresión	Nombre
1. En Yucatán hace mucho calor.	_____
2. ¿Están listos para su viaje a la playa?	_____
3. No podemos perder el autobús.	_____
4. Bienvenidas. ¿En qué puedo servirles?	_____
5. No está nada mal el hotel, ¿verdad? Limpio, cómodo...	_____

3 **¿Qué ves?** Check what is shown.

___ 1. un inspector de aduanas   ___ 5. unas maletas   ___ 9. la planta baja del hotel
___ 2. el mar   ___ 6. una pelota   ___ 10. unas llaves
___ 3. un aeropuerto   ___ 7. una agencia de viajes   ___ 11. un libro
___ 4. un botones   ___ 8. el campo   ___ 12. personas en la playa

4 **Completar** Fill in the blanks.

1. **TÍA ANA MARÍA** Excelente, entonces... ¡A la estación _____!
2. **MARU** Tenemos una _____ para seis personas para esta noche.
3. **EMPLEADO** Dos _____ en el primer piso para seis huéspedes.
4. **MIGUEL** Ellos son mis amigos. Ellos sí son _____ conmigo.
5. **MARISSA** Yo estoy un poco _____. ¿Y tú? ¿Por qué no estás nadando?

Nombre _____ Fecha _____

Después de ver el video

5 **¿Cierto o falso?** Say whether each statement is **cierto** or **falso**. Correct the false statements.

1. Miguel está enojado con Felipe.
   _____

2. Felipe y Marissa hablan con un empleado del hotel.
   _____

3. Los ascensores del hotel están a la izquierda.
   _____

4. Maru y su novio quieren hacer windsurf, pero no tienen tablas.
   _____

5. Felipe dice que el hotel es feo y desagradable.
   _____

6. Jimena dice que estudiar en la playa es muy divertido.
   _____

6 **Resumir** Write a summary of this episode in Spanish. Try not to leave out any important information.

_____
_____
_____
_____
_____
_____
_____
_____

7 **Preguntas** Answer these questions in Spanish.

1. ¿Te gusta ir de vacaciones? ¿Por qué? _____
   _____
   _____

2. ¿Adónde te gusta ir de vacaciones? ¿Por qué? _____
   _____
   _____

3. ¿Con quién(es) vas de vacaciones? _____
   _____
   _____

Lección 5 Fotonovela Video Activities

Nombre _____ Fecha _____

En el mercado

Lección 6

Antes de ver el video

1 **Describir** Look at the image and describe what you see, answering these questions: Where are Maru, Jimena, and Marissa? Who are they talking to? What is the purpose of their conversation?

_____
_____
_____
_____
_____
_____

Mientras ves el video

2 **Ordenar** Watch **En el mercado** and indicate the order in which you hear the following.

___ a. Acabamos de comprar tres bolsas por 480 pesos.

___ b. ¿Encontraron el restaurante?

___ c. Esta falda azul es muy elegante.

___ d. Le doy un muy buen precio.

___ e. Mira, son cuatro. Roja, amarilla, blanca, azul.

___ f. Acabo de ver una bolsa igual a ésta que cuesta 30 pesos menos.

3 **Mérida** Check each thing you see.

___ 1. una tarjeta de crédito   ___ 4. un impermeable

___ 2. una blusa   ___ 5. unos aretes

___ 3. un mercado   ___ 6. un vendedor

4 **¿Quién lo dijo?** Indicate whether Marissa, Miguel, or don Guillermo said each sentence.

_____ 1. Quiero comprarle un regalo a Maru.

_____ 2. ¿Me das aquella blusa rosada? Me parece que hace juego con esta falda.

_____ 3. ¿Puedo ver ésos, por favor?

_____ 4. Hasta más tarde. Y ¡buena suerte!

_____ 5. Me contaron que los vendedores son muy simpáticos.

Nombre _____ Fecha _____

Después de ver el video

5 Completar Complete the following sentences with words from the box.

azul	hermana	novia
camisetas	mercado	regatear
en efectivo	negro	vender

1. Juan Carlos, Felipe y Miguel creen que las chicas no saben _____.
2. Los seis amigos van de compras a un _____.
3. Marissa dice que el color _____ está de moda.
4. Miguel quiere comprarle un regalo a su _____ Maru.
5. Las _____ de Juan Carlos y Felipe costaron 200 pesos.
6. Las chicas pagan 480 pesos _____ por las bolsas.

6 Corregir All these statements are false. Rewrite them so they are true.

1. Jimena dice que la ropa del mercado es muy fea.
   _____

2. Marissa usa la talla 6.
   _____

3. Maru compró una blusa.
   _____

4. Miguel compró un abrigo para Maru.
   _____

7 Preguntas Answer these questions in Spanish.

1. ¿Te gusta ir de compras? ¿Por qué? _____

2. ¿Adónde vas de compras? ¿Por qué? _____

3. ¿Con quién(es) vas de compras? ¿Por qué? _____

4. Imagina que estás en un centro comercial y que tienes mil dólares. ¿Qué vas a comprar? ¿Por qué?
   _____

5. Cuando tus familiares compran un auto, ¿regatean con el/la vendedor(a)? ¿Qué dicen?
   _____

¡Necesito arreglarme!

Lección 7

Antes de ver el video

1 **En el baño** In this episode, Marissa, Felipe, and Jimena want to get ready at the same time. What do you think they might say?

_____
_____
_____
_____
_____
_____
_____
_____

Mientras ves el video

2 **¿Marissa o Felipe?** Watch **¡Necesito arreglarme!** and put a check mark in a column to show whether the plans are Marissa's or Felipe's.

Actividad	Marissa	Felipe
1. ir al cine	_____	_____
2. afeitarse	_____	_____
3. ir al café a molestar a su amigo	_____	_____
4. arreglarse el pelo	_____	_____
5. ir al café con Juan Carlos	_____	_____

3 **Ordenar** Number the following events from one to six, in the order they occurred.

___ a. Jimena termina de maquillarse.
___ b. Todos quieren usar el espejo al mismo tiempo.
___ c. Marissa quiere entrar al baño y la puerta está cerrada.
___ d. Las chicas comparten el espejo.
___ e. Marissa busca una toalla.
___ f. Felipe entra al baño.

4 **Completar** Fill in the blanks.

1. **FELIPE** Cada vez que quiero usar el _____, una de ustedes está aquí.
2. **JIMENA** Me estoy _____ la cara.
3. **MARISSA** ¡_____ debe estudiar los viernes!
4. **JIMENA** ¿Por qué no te _____ por la mañana?
5. **FELIPE** Siempre hay _____ en vivo.

Nombre _____   Fecha _____

Después de ver el video

5 **Preguntas** Answer these questions in Spanish.

1. ¿Qué está haciendo Jimena cuando Marissa quiere entrar al baño?
   _____

2. ¿Por qué Jimena quiere maquillarse primero?
   _____

3. ¿Por qué se quiere afeitar Felipe?
   _____

4. ¿Cómo es el café adonde van a ir Felipe y Juan Carlos?
   _____

5. ¿Por qué Marissa quiere arreglarse?
   _____

6. ¿Cuándo fue la última vez que Jimena vio a Juan Carlos?
   _____

6 **Preguntas personales** Answer these questions in Spanish.

1. ¿A qué hora te levantas durante la semana? ¿Y los fines de semana?
   _____
   _____

2. ¿Te gusta más bañarte o ducharte? ¿Por qué?
   _____
   _____

3. ¿Cuántas veces por día (*How many times a day*) te cepillas los dientes?
   _____
   _____

4. ¿Te lavas el pelo todos los días (*every day*)? ¿Por qué?
   _____
   _____

5. ¿Cómo cambia tu rutina los días que vas a la escuela y los fines de semana?
   _____
   _____

7 **Escribir** Describe in Spanish what happened, from the point of view of Jimena, Marissa, or Felipe.
   _____
   _____
   _____
   _____
   _____
   _____

Una cena... romántica

Lección 8

Antes de ver el video

1 **En un restaurante** What do you do and say when you have dinner at a restaurant?

_____
_____
_____
_____
_____
_____
_____
_____

Mientras ves el video

2 **¿Quién?** Watch **Una cena... romántica** and write the name of the person who says each sentence.

Oración	Nombre
1. La ensalada viene con aceite y vinagre.	_____
2. Vino blanco para mí.	_____
3. Mejor pido la ensalada de pera con queso.	_____
4. Los espárragos están sabrosísimos esta noche.	_____
5. Señor, él es más responsable que yo.	_____

3 **Ordenar** Show the order in which the following took place.

____ a. Felipe les pone pimienta a los platillos.

____ b. Miguel pide una cerveza.

____ c. El camarero recomienda la sopa de frijoles.

____ d. El gerente llega a la mesa de Maru y Miguel.

4 **Completar** Fill in the missing words.

1. **MARU** No sé qué pedir. ¿Qué me _____?
2. **CAMARERO** ¿Ya decidieron qué quieren de _____?
3. **MARU** Tienes razón, Felipe. Los espárragos están _____.
4. **FELIPE** ¿Quién _____ jamón?
5. **JUAN CARLOS** ¿Aquí vienen _____ mexicanos _____ extranjeros?

Nombre _____   Fecha _____

Después de ver el video

5 Opiniones Say who expressed the following opinions, either verbally or through body language.

_____ 1. Los mariscos parecen tan ricos como el jamón.

_____ 2. Este joven me está molestando con sus preguntas.

_____ 3. Los champiñones están deliciosos.

_____ 4. Felipe tiene la culpa (*is guilty*) de lo que pasó.

_____ 5. Vamos a la cocina para que paguen lo que hicieron.

6 Corregir Correct these statements.

1. Miguel le dice a Maru que la langosta se ve muy buena.
   _____

2. De beber, Maru y Miguel piden té.
   _____

3. El plato principal es ceviche de camarones con cilantro y limón.
   _____

4. Maru pide el jamón con arvejas.
   _____

5. Felipe dice que los champiñones saben a vinagre.
   _____

6. Felipe dice que es el mejor camarero del mundo.
   _____

7 Preguntas personales Answer these questions in Spanish.

1. ¿Almuerzas en la cafetería de tu escuela? ¿Por qué? _____
   _____

2. ¿Cuál es tu plato favorito? ¿Por qué? _____
   _____

3. ¿Cuál es el mejor restaurante de tu comunidad? Explica (*Explain*) tu opinión. _____
   _____

4. ¿Cuál es tu restaurante favorito? ¿Cuál es la especialidad de ese restaurante? _____
   _____

5. ¿Sales mucho a cenar con tu familia? ¿Adónde van a cenar? _____
   _____

Nombre _____ Fecha _____

El Día de Muertos
Lección 9

Antes de ver el video

1 **La celebración** In this episode, the Díaz family celebrates the Day of the Dead. What kind of things do you expect to see?

_____
_____
_____
_____
_____
_____
_____
_____

Mientras ves el video

2 **Ordenar** Put the following events in order.

____ a. La tía Ana María le dice a Marissa cómo se enamoraron sus papás.

____ b. El señor Díaz brinda por los abuelos de la familia.

____ c. Marissa prueba el mole que prepara la tía Ana María.

____ d. Maite Fuentes habla del Día de Muertos en la televisión.

____ e. Jimena pregunta dónde puso las galletas y el pastel.

3 **¿Qué ves?** Place a check mark beside each thing you see.

____ 1. una botella de vino   ____ 5. calaveras de azúcar   ____ 9. un regalo de Navidad

____ 2. una foto de boda   ____ 6. una fiesta de quinceañera ____ 10. helados

____ 3. una graduación   ____ 7. galletas   ____ 11. un altar

____ 4. flores   ____ 8. bolsas   ____ 12. un flan

4 **¿Quién lo dijo?** Write a name next to each sentence to indicate who says it.

_____ 1. Su familia es muy interesante.

_____ 2. El Día de Muertos se celebra en México el primero y el dos de noviembre.

_____ 3. ¡Estoy seguro que se lo van a pasar bien!

_____ 4. Al principio, mi abuela no quiso aceptar el matrimonio.

Nombre _____ Fecha _____

Después de ver el video

5 **Corregir** Rewrite these sentences to reflect what took place.

1. El Día de Muertos se celebra con flores, calaveras de azúcar, música y champán.
   _____

2. El mole siempre fue el plato favorito de la mamá de la tía Ana María.
   _____

3. Jimena intentó preparar mole para la fiesta de aniversario de sus tíos.
   _____

4. La tía Ana María se casó con un ingeniero que trabaja muchísimo.
   _____

5. Felipe y su papá prepararon pastel de chocolate para la familia.
   _____

6. A Valentina le gusta el helado.
   _____

6 **Eventos importantes** Describe in Spanish the three most important events in this episode and explain your choices.

_____
_____
_____
_____
_____
_____
_____

7 **Preguntas personales** Answer these questions in Spanish.

1. ¿Qué días de fiesta celebras con tu familia? _____
   _____

2. De los días de fiesta, ¿cuál es tu favorito? ¿Por qué? _____

3. ¿Qué haces el Día de Acción de Gracias? _____

4. ¿Cómo celebras tu cumpleaños? ¿Te gusta recibir regalos? _____
   _____

Nombre _____ Fecha _____

Panorama: Estados Unidos

Antes de ver el video

1 **Más vocabulario** Look over these useful words and expressions before you watch the video.

Vocabulario útil		
algunos *some, a few*	espectáculos *shows*	millón *million*
beisbolistas *baseball players*	estaciones *stations*	mucha *large*
comparsa *parade*	este *this*	muchos *many*
concursos *contests*	ligas mayores *major leagues*	por ciento *percent*
diseñador *designer*	más *more*	su *their*
disfraces *costumes*	mayoría *majority*	tiene *has*
escritora *writer*		

2 **Deportes** In this video, you are going to learn about some famous Dominican baseball players. In preparation, answer these questions about sports.

1. What sports are popular in the United States? _____

2. What is your favorite sport? _____

3. Do you play any sports? Which ones? _____

Mientras ves el video

3 **Cognados** Check off all the cognates you hear during the video.

___ 1. agosto   ___ 3. celebrar   ___ 5. democracia   ___ 7. festival   ___ 9. intuición

___ 2. carnaval ___ 4. discotecas ___ 6. famosos   ___ 8. independencia ___ 10. populares

Después de ver el video

4 **Responder** Answer the questions in Spanish. Use complete sentences.

1. ¿Cuántos hispanos hay en Estados Unidos?

2. ¿De dónde son la mayoría de los hispanos en Estados Unidos?

3. ¿Quiénes son Pedro Martínez y Manny Ramírez?

4. ¿Dónde hay muchas discotecas y estaciones de radio hispanas?

5. ¿Qué son WADO y Latino Mix?

6. ¿Es Julia Álvarez una escritora dominicana?

Panorama: Canadá

Antes de ver el video

1 **Más vocabulario** Look over these useful words and expressions before you watch the video.

Vocabulario útil		
bancos *banks*	hijas *daughters*	periódico *newspaper*
campo *field*	investigadora científica *research scientist*	que *that*
canal de televisión *TV station*	mantienen *maintain*	revista *magazine*
ciudad *city*	mayoría *majority*	seguridad *safety*
comunidad *community*	ofrecen *offer*	sus *her*
escuelas *schools*	otras *others*	trabajadores *workers*
estudia *studies*	pasa *spends*	vive *live*

2 **Responder** This video talks about the Hispanic community in Montreal. In preparation for watching the video, answer the following questions about your family's background.

1. Where were your parents born? And your grandparents? _____

2. If any of them came to the U.S. or Canada from another country, when and why did they come here? _____

3. Are you familiar with the culture of the country of your ancestors? What do you know about their culture? Do you follow any of their traditions? Which ones? _____

Mientras ves el video

3 **Marcar** Check off the nouns you hear while watching the video.

___ 1. apartamento   ___ 3. diario   ___ 5. horas   ___ 7. instituciones   ___ 9. lápiz

___ 2. comunidad   ___ 4. escuela   ___ 6. hoteles ___ 8. laboratorio   ___ 10. el programa

Después de ver el video

4 **¿Cierto o falso?** Indicate whether these statements are **cierto** or **falso**. Correct the false statements.

1. La mayoría de los hispanos en Montreal son de Argentina. _____

2. En Montreal no hay canales de televisión en español. _____

3. En Montreal hay hispanos importantes. _____

4. Una hispana importante en el campo de la biología es Ana María Seifert. _____

5. Ella vive con sus dos hijas en una mansión en Montreal. _____

6. Ella pasa muchas horas en el museo. _____

7. En su casa mantienen muchas tradiciones argentinas. _____

8. Ella participa en convenciones nacionales e internacionales. _____

Nombre _____ Fecha _____

Panorama: España
Lección 2

Antes de ver el video

1 **Más vocabulario** Look over these useful words before you watch the video.

Vocabulario útil		
antiguo *ancient*	empezar *to start*	niños *children*
blanco *white*	encierro *running of bulls*	pañuelo *neckerchief, bandana*
cabeza *head*	esta *this*	peligroso *dangerous*
calle *street*	feria *fair, festival*	periódico *newspaper*
cohete *rocket (firework)*	fiesta *party, festival*	rojo *red*
comparsa *parade*	gente *people*	ropa *clothing*
correr *to run*	gigante *giant*	toro *bull*
defenderse *to defend oneself*	mitad *half*	ver *to see*

2 **Festivales** In this video, you are going to learn about a Spanish festival. List the things you would probably do and see at a festival.

_____
_____
_____
_____

Mientras ves el video

3 **Ordenar** Number the items in the order in which they appear in the video.

_____ a. cohete
_____ b. cuatro mujeres en un balcón
_____ c. gigante
_____ d. toros
_____ e. mitad hombre, mitad animal

Después de ver el video

4 **Fotos** Describe the video stills.

_____
_____
_____
_____
_____
_____

Nombre _____ Fecha _____

5 **Crucigrama** Complete these sentences and use the words to complete the crossword.

1. El Festival de San Fermín es la combinación de tres fiestas, una de ellas es las _____ comerciales.

2. Las _____ son los eventos favoritos de los niños.

3. La fiesta religiosa en honor a San Fermín, las ferias comerciales y los eventos taurinos son celebraciones _____.

4. Los Sanfermines es una de las _____ tradicionales españolas.

5. Las personas usan ropa blanca y _____ rojos.

6. En los encierros las personas corren delante de diecisiete _____.

7. En las comparsas hay figuras _____ hombre, mitad animal.

8. En los días del festival, hay ocho _____.

9. En las comparsas hay ocho _____.

10. Las comparsas pasan por las _____ de Pamplona.

11. Otras de las figuras tienen (*have*) enormes _____.

Nombre _____ Fecha _____

Panorama: Ecuador

Antes de ver el video

1 Más vocabulario Look over these useful words and expressions before you watch the video.

Vocabulario útil		
algunas *some*	otro *other*	todo *every*
científico *scientist*	pingüino *penguin*	tomar fotografías *to take pictures*
guía *guide*	recurso *resource*	tortuga *tortoise*

2 Foto Describe the video still. Write at least three sentences in Spanish.

_____
_____
_____
_____
_____
_____
_____

3 Predecir Look at the video still from the previous activity and write at least two sentences in Spanish about what you think you will see in this video.

_____
_____
_____
_____

4 Emparejar Find the items in the second column that correspond to the ones in the first.

____ 1. grande   a. near
____ 2. pequeña   b. about
____ 3. vieja   c. here
____ 4. también   d. big
____ 5. aquí   e. very
____ 6. sobre   f. old
____ 7. muy   g. also
____ 8. cerca de   h. small
____ 9. para   i. for

Lección 3 Panorama cultural Video Activities   73

Mientras ves el video

5 **Marcar** Check off the verbs you hear while watching the video.

_____ 1. aprender   _____ 5. escribir   _____ 9. tener

_____ 2. bailar   _____ 6. estudiar   _____ 10. tomar

_____ 3. beber   _____ 7. leer   _____ 11. vivir

_____ 4. comprar   _____ 8. recibir

Después de ver el video

6 **Responder** Answer the questions in Spanish. Use complete sentences.

1. ¿En qué océano están las islas Galápagos?
   _____
   _____

2. ¿Qué hacen los científicos que viven en las islas?
   _____
   _____

3. ¿Qué hacen los turistas que visitan las islas?
   _____
   _____

4. ¿Qué proyectos tiene la Fundación Charles Darwin?
   _____
   _____

5. ¿Cuáles son los animales más grandes que viven en las islas?
   _____
   _____

6. ¿Por qué son importantes estas islas?
   _____
   _____

7 **Preferencias** Of all the animals you saw in this video, which was your favorite? Write three sentences in Spanish describing your favorite animal.

_____
_____
_____
_____

Nombre _____   Fecha _____

Panorama: México   Lección 4

Antes de ver el video

1 **Más vocabulario** Look over these useful words before you watch the video.

Vocabulario útil			
día *day*	estos *these*	gente *people*	sentir *to feel*
energía *energy*	fiesta *party, celebration*	para *to*	valle *valley*

2 **Describir** In this video, you will learn about the archeological ruins of Teotihuacán where the celebration of the equinox takes place every year. Do you know what the equinox is? In English, try to write a description.

equinoccio: _____

_____

3 **Categorías** Categorize the words listed in the word bank.

arqueológicos   gente   increíble   mexicanos   Teotihuacán
capital mexicana hacen   interesante   moderno   tienen
celebrar   hombres   jóvenes   mujeres   Valle de México
ciudad   importante   Latinoamérica   niños   van
escalar

Lugares	Personas	Verbos	Adjetivos

Mientras ves el video

4 **Marcar** Check off the pastimes you see while watching the video.

_____ 1. pasear   _____ 4. escalar (pirámides)   _____ 7. visitar monumentos

_____ 2. nadar   _____ 5. tomar el sol   _____ 8. bucear

_____ 3. patinar   _____ 6. ver películas

Lección 4 Panorama cultural Video Activities

Después de ver el video

5 Completar Fill in the blanks with the appropriate word(s).

> la capital mexicana
> la celebración del equinoccio
> celebrar
> comienzan
> manos
> muy interesante
> pasean
> sentir
> sol
> el Valle de México

1. Teotihuacán está a cincuenta kilómetros de _____.
2. A _____ van muchos grupos de música tradicional.
3. Todos quieren _____ la energía del sol en sus _____.
4. Ir a las pirámides de Teotihuacán es una experiencia _____.
5. Las personas _____ por las ruinas.

6 ¿Cierto o falso? Indicate whether each statement is **cierto** or **falso**. Correct the false statements.

1. Las pirámides de Teotihuacán están lejos del Valle de México.
   _____

2. Muchas personas van a Teotihuacán todos los años para celebrar el equinoccio.
   _____

3. Turistas de muchas nacionalidades van a la celebración.
   _____

4. La gente prefiere ir a Teotihuacán los martes.
   _____

5. La celebración del equinoccio termina a las cinco de la mañana.
   _____

6. Las personas celebran la energía que reciben de Teotihuacán todos los años.
   _____

7 Foto Describe the video still. Write at least three sentences in Spanish.

Nombre _____   Fecha _____

Panorama: Puerto Rico   Lección 5

Antes de ver el video

1 **Más vocabulario** Look over these useful words before you watch the video.

Vocabulario útil		
angosto *narrow*	calle *street*	plaza *square*
antiguo *old*	escultura *sculpture*	promocionar *to promote*
artesanías *handicrafts*	exposición *exhibition*	sitio *site*
bahía *bay*	fuente *fountain*	vender *to sell*
barrio *neighborhood*		

2 **Preferencias** This video describes the attractions that San Juan, the capital of Puerto Rico, has to offer. In Spanish, list at least three things that you like to do when you visit a new city.

_____
_____
_____
_____
_____
_____

Mientras ves el video

3 **Cognados** Check off all the cognates you hear during the video.

____ 1. aeropuerto   ____ 9. estrés

____ 2. área   ____ 10. histórico

____ 3. arte   ____ 11. información

____ 4. artístico   ____ 12. nacional

____ 5. cafés   ____ 13. permanente

____ 6. calma   ____ 14. presidente

____ 7. capital   ____ 15. restaurantes

____ 8. construcciones

Nombre _____ Fecha _____

Después de ver el video

4 **Corregir** All of these statements are false. Rewrite them to correct the false information.

1. El Viejo San Juan es el barrio más moderno de la capital.
   _____

2. El Morro es el centro artístico y cultural de Puerto Rico.
   _____

3. Muchos artistas locales compran sus creaciones en las calles.
   _____

4. En diciembre se celebra la Fiesta de la Calle San Sebastián con conciertos, exposiciones especiales de arte y un carnaval.
   _____

5. En el Museo de las Américas presentan exposiciones relacionadas con la historia de Norteamérica.
   _____

6. Todos los días, más de un millón de visitantes llegan al Centro de Información de Turismo del Viejo San Juan.
   _____

5 **Completar** Complete the sentences with words from the word bank.

camina	coloniales	excelente	galerías	promociona
capital	esculturas	exposición	hermoso	realiza

1. En la bahía de la _____ de Puerto Rico está el Castillo de San Felipe del Morro.
2. Muchas de las construcciones del Viejo San Juan son _____.
3. En la mayoría de los parques hay _____ inspiradas en la historia del país.
4. El Instituto de Cultura Puertorriqueña _____ eventos culturales en la isla.
5. Hay muchas _____ de arte y museos.
6. En el Museo de San Juan hay una _____ permanente de la historia de Puerto Rico.

6 **Preferencias** Of all the places in San Juan that were described, which one did you find most interesting? In Spanish, describe this place and explain why you found it interesting.

_____
_____
_____
_____
_____

Lección 5 Panorama cultural Video Activities

Panorama: Cuba

Lección 6

Antes de ver el video

1 **Más vocabulario** Look over these useful words before you watch the video.

Vocabulario útil	
conversar *to talk*	relacionadas *related to*
imágenes *images (in this case, of a religious nature)*	relaciones *relationships*
miembro *member*	sacerdote *priest*

2 **Responder** In this video you are going to see people visiting **santeros** to talk about their problems and their futures. In preparation for watching the video, answer the following questions about your behavior and beliefs.

1. ¿Hablas con alguien (*someone*) cuando tienes problemas? ¿Con quién?

_____

_____

2. En tu opinión, ¿algunas personas pueden "ver" el futuro?

_____

_____

Mientras ves el video

3 **Marcar** Check off the activities you see while watching the video.

_____ 1. hombre escribiendo

_____ 2. hombre leyendo

_____ 3. mujer corriendo

_____ 4. mujer llorando (*crying*)

_____ 5. niño jugando

_____ 6. personas bailando

_____ 7. personas caminando

_____ 8. personas cantando

_____ 9. personas conversando

Nombre _____ Fecha _____

Después de ver el video

4 **Responder** Answer the questions in Spanish using complete sentences.

1. ¿Qué es la santería?
   _____

2. ¿Quiénes son los santeros?
   _____

3. ¿Qué venden en las tiendas de santería?
   _____

4. ¿Para qué visitan las personas a los santeros?
   _____

5. ¿Quiénes son los sacerdotes?
   _____

6. ¿Qué hacen los sacerdotes cuando van a las casas de las personas?
   _____

5 **¿Cierto o falso?** Indicate whether each statement is **cierto** or **falso**. Correct the false statements.

1. Cada tres horas sale un barco de La Habana con destino a Regla.
   _____

2. Regla es una ciudad donde se practica la santería.
   _____

3. La santería es una práctica religiosa muy común en algunos países latinoamericanos.
   _____

4. Los santeros no son personas importantes en su comunidad.
   _____

5. La santería es una de las tradiciones cubanas más antiguas.
   _____

6 **Conversación** In this video, you see a **santero** talking with a woman. In Spanish, write a short conversation. Include what the woman would ask the **santero** and how he would respond to her problems.

_____
_____
_____
_____

Nombre _____ Fecha _____

Panorama: Perú

Antes de ver el video

1 **Más vocabulario** Look over these useful words and expressions before you watch the video.

Vocabulario útil		
canoa *canoe*	exuberante naturaleza	ruta *route, path*
dunas *sand dunes*	*lush countryside*	tabla *board*

2 **Preferencias** In this video you are going to learn about unusual sports. In preparation for watching the video, answer these questions about your interest in sports.

1. ¿Qué deportes practicas?
   _____

2. ¿Dónde los practicas?
   _____

3. ¿Qué deportes te gusta ver en televisión?
   _____

Mientras ves el video

3 **Fotos** Describe the video stills. Write at least three sentences in Spanish for each still.

_____
_____
_____
_____
_____

_____
_____
_____
_____
_____

Después de ver el video

4 **¿Cierto o falso?** Indicate whether each statement is **cierto** or **falso**. Correct the false statements.

1. Pachacamac es el destino favorito para los que pasean en bicicletas de montaña.
   _____

2. El *sandboard* es un deporte antiguo en Perú.
   _____

3. El *sandboard* se practica en Ocucaje porque en este lugar hay muchos parques.
   _____

4. El Camino Inca termina en Machu Picchu.
   _____

5. El Camino Inca se puede completar en dos horas.
   _____

6. La pesca en pequeñas canoas es un deporte tradicional.
   _____

5 **Completar** Complete the sentences with words from the word bank.

aventura	kilómetros	pesca
excursión	llamas	restaurante
exuberante	parque	tradicional

1. En Perú, se practican muchos deportes de _____.
2. Pachacamac está a 31 _____ de Lima.
3. La naturaleza en Santa Cruz es _____.
4. En Perú, uno de los deportes más antiguos es la _____ en pequeñas canoas.
5. Caminar con _____ es uno de los deportes tradicionales en Perú.
6. Santa Cruz es un sitio ideal para ir de _____.

6 **Escribir** Imagine that you just completed the **Camino Inca**. In Spanish, write a short letter to a friend telling him or her about the things you did and saw.

_____
_____
_____
_____
_____
_____
_____

Nombre _____ Fecha _____

Panorama: Guatemala

Antes de ver el video

1 Más vocabulario Look over these useful words and expressions before you watch the video.

Vocabulario útil		
alfombra *carpet*	destruir *to destroy*	ruinas *ruins*
artículos *items*	época colonial *colonial times*	sobrevivir *to survive*
calle *street*	indígenas *indigenous people*	terremoto *earthquake*

2 Describir In this video you are going to learn about an open-air market that takes place in Guatemala. In Spanish, describe one open-air market that you have been to or that you know about.

mercado: _____

_____

_____

_____

3 Categorías Categorize the words listed in the word bank.

bonitas	espectaculares	indígenas	quieres
calles	grandes	mercado	región
colonial	habitantes	monasterios	sentir
conocer	iglesias	mujeres	vieja

Lugares	Personas	Verbos	Adjetivos

Lección 8 Panorama cultural Video Activities

Nombre _____ Fecha _____

Mientras ves el video

4 **Marcar** Check off what you see while watching the video.

____ 1. fuente (*fountain*)
____ 2. hombres con vestidos morados
____ 3. mujer bailando
____ 4. mujer llevando bebé en el mercado
____ 5. mujeres haciendo alfombras de flores
____ 6. niñas sonriendo
____ 7. niño dibujando
____ 8. personas hablando
____ 9. ruinas
____ 10. turista mirando el paisaje

Después de ver el video

5 **Completar** Complete the sentences with words from the word bank.

> aire libre   alfombras   atmósfera   fijo   indígenas   regatear

1. En Semana Santa las mujeres hacen _____ con miles de flores.
2. En Chichicastenango hay un mercado al _____ los jueves y domingos.
3. En el mercado los artículos no tienen un precio _____.
4. Los clientes tienen que _____ cuando hacen sus compras.
5. En las calles de Antigua, los turistas pueden sentir la _____ del pasado.
6. Muchos _____ de toda la región van al mercado a vender sus productos.

6 **¿Cierto o falso?** Indicate whether each statement is **cierto** or **falso**. Correct the false statements.

1. Antigua fue la capital de Guatemala hasta 1773.
   _____

2. Una de las celebraciones más importantes de Antigua es la de la Semana Santa.
   _____

3. En esta celebración, muchas personas se visten con ropa de color verde.
   _____

4. Antigua es una ciudad completamente moderna.
   _____

5. Chichicastenango es una ciudad mucho más grande que Antigua.
   _____

6. El terremoto de 1773 destruyó todas las iglesias y monasterios en Antigua.
   _____

7 **Comparar** Write four sentences comparing the cities Antigua and Chichicastenango.

_____
_____
_____
_____

Lección 8 Panorama cultural Video Activities

Nombre _____   Fecha _____

Panorama: Chile

Antes de ver el video

1 **Más vocabulario** Look over these useful words and expressions before you watch the video.

Vocabulario útil	
disfrutar (de) *to take advantage (of)*	isla *island*
grados *degrees*	recursos naturales *natural resources*
hace miles de años *thousands of years ago*	repartidas *spread throughout, distributed*
indígena *indigenous*	vista *view*

2 **Escribir** This video talks about Chile's Easter Island. In preparation for watching the video, answer the following questions.

1. ¿Has estado (*Have you been*) en una isla o conoces alguna? ¿Cómo se llama?

_____

2. ¿Dónde está? ¿Cómo es?

_____

Mientras ves el video

3 **Fotos** Describe the video stills. Write at least three sentences in Spanish for each still.

Después de ver el video

4   Completar Complete the sentences with words from the word bank.

atracción	indígena
característico	llega
diferente	recursos
difícil	remoto
escalan	repartidas

1. *Rapa Nui* es el nombre de la isla de Pascua en la lengua _____ de la región.
2. Esta isla está en un lugar _____.
3. Los habitantes de esta isla no tenían muchos _____ naturales.
4. En un día de verano la temperatura _____ a los noventa grados.
5. Las esculturas *moái* son el elemento más _____ de esta isla.
6. Hay más de novecientas esculturas _____ por toda la isla.
7. Otra gran _____ de la isla es el gran cráter Rano Kau.
8. Los visitantes _____ el cráter para disfrutar de la espectacular vista.

5   Preferencias In Spanish, list at least two things you like about this video and explain your choices.

_____
_____
_____
_____
_____
_____
_____
_____
_____
_____
_____
_____

Nombre _____ Fecha _____

Encuentros en la plaza

Antes de ver el video

1 **Vos** Most Argentinians use the pronoun **vos** instead of **tú** when talking to friends. In some cases, the verb in the **vos** form is different from the **tú** form; in others, it is the same. Look at these questions with **vos**. Can you guess what the **tú** equivalent is?

> **modelo**
> Vos: ¿Cómo te llamás?
> Tú: ¿Cómo te llamas?

1. Y vos, ¿cómo estás?
_____

2. ¿De dónde sos?
_____

2 **¡En español!** Look at the video still. Imagine a conversation between two of these people.

¡Hola! ¿Cómo te va? _____
_____
_____
_____
_____
_____
_____

Mientras ves el video

3 **Completar** What does Silvina say when she meets her friends? Complete these conversations.

A. (3:42–3:51)
   CHICO Hola.
   CHICA ¿(1)_____?
   CHICA Y CHICO ¡Cuánto tiempo! (*It's been so long!*)
   SILVINA Sí, hace mucho, ¿no?
   CHICA ¡Qué (2)_____ verte (*to see you*)!
   SILVINA ¿(3)_____ están ustedes? ¿Bien?
   CHICA Y CHICO (4)_____.

B. (4:12–4:19)
   SILVINA Quiero (*I want*) presentarles a mi (5)_____ Gonzalo.
   CHICA Hola, ¿qué (6)_____?
   GONZALO Hola. Gonzalo. ¿Tú cómo te (7)_____?
   CHICA Mariana.
   GONZALO (8)_____, Mariana.

Nombre _____ Fecha _____

Después de ver el video

4 Ordenar Pay attention to Silvina's actions and put them in the correct order.

_____ a. presenta una amiga a Mark

_____ b. dice (*she says*): ¿Como están ustedes? ¿Bien?

_____ c. da (*she gives*) un beso y un abrazo

_____ d. camina (*she walks*) por la Plaza de Mayo

_____ e. dice: ¡Hasta pronto!

5 ¿Quién? Indicate who would make each of these statements.

Statements	Long-time friends at a plaza	People meeting for the first time
1. ¡Qué bueno verte!		
2. Sí, hace mucho, ¿no?		
3. Les presento a mi amigo.		
4. ¿Cómo estás?		
5. Mucho gusto.		

6 ¡Cuánto tiempo! Write a conversation you would have with a friend whom you have not seen in a long time. Include the expressions provided.

> ¡Cuánto tiempo!   ¡Qué bueno verte!
> Hace mucho.   ¿Qué tal?

_____
_____
_____
_____
_____
_____

7 Encuentros en la plaza Describe two aspects of this episode that caught your attention: people, their physical proximity, activities they do, etc. Then, explain how those are similar or different in your own culture. You may use English.

_____
_____
_____
_____
_____
_____

Nombre _____ Fecha _____

Los estudios
Lección 2

Antes de ver el video

1 **Más vocabulario** Look over these useful words before you watch the video.

Vocabulario útil	
las ciencias biológicas y de la salud *biological and health sciences*	el cuarto año de la carrera *the fourth year of college*
las ciencias físico-matemáticas *physical and mathematical sciences*	dé clases *teaches*
	los estudios superiores *higher education*
¿Conoces a algún ex alumno reconocido? *Do you know any renowned alumni?*	la psicoterapia *psychotherapy*

2 **¡En español!** Look at the video still and answer these questions in Spanish. Carlos is in Mexico City; can you guess what place? Who is Carlos talking to? What do you think this person does?

Carlos López, México, D.F.

_____
_____
_____
_____
_____
_____
_____
_____

Mientras ves el video

3 **Conversaciones** Complete these conversations between Carlos López and two students.

CARLOS LÓPEZ ¿(1)_____ te llamas?
ESTUDIANTE Héctor.
CARLOS LÓPEZ Héctor. ¿Y qué estudias?
ESTUDIANTE (2)_____.
CARLOS LÓPEZ ¿Y cuál es tu materia favorita?
ESTUDIANTE Este… ahorita, (3)_____ de Roma.

CARLOS LÓPEZ ¿De dónde (4)_____?
ESTUDIANTE De Corea.
CARLOS LÓPEZ De Corea. ¿Te gusta estudiar en la (5)_____?
ESTUDIANTE Sí, me gusta mucho.
CARLOS LÓPEZ ¿Qué estudias?
ESTUDIANTE Estoy estudiando (6)_____.

Lección 2 Flash cultura Video Activities   89

Nombre _____ Fecha _____

4 Identificar Indicate which area of study each of these students and alumni is likely to study or have studied.

Ciencias Biológicas y de la Salud   Ciencias Sociales
Ciencias Físico-Matemáticas   Humanidades

1. _____   2. _____   3. _____

Después de ver el video

5 Oraciones Complete each statement with the correct option.

autobuses	estudio	profesor
derecho	ex alumno	residencia estudiantil
estudiantes	México, D.F.	universidad

1. _____ es un importante centro económico y cultural.

2. La UNAM es una _____ en la Ciudad de México.

3. La UNAM es como (*like*) una ciudad con _____, policía y gobierno (*government*) propios (*own*).

4. Los _____ de la UNAM son de diferentes países.

5. Hay cuatro áreas principales de _____.

6. Manuel Álvarez Bravo es un _____ famoso de la UNAM.

6 ¡Carlos López de visita (*on a visit*)! Imagine that Carlos López visits your school and wants to find out about the institution, facilities, classes, and students. Write a brief paragraph about what you would say.

modelo
¡Hola, Carlos! Me llamo Rosa Estévez y estudio en la Escuela Pública de Springfield. Hay muchos estudiantes. Este (*This*) semestre tomo clases…

Nombre _____ Fecha _____

La familia

Antes de ver el video

1 **Más vocabulario** Look over these useful words before you watch the video.

Vocabulario útil	
el canelazo *typical drink from Ecuador*	¡Qué familia tan grande tiene! *Your family is so big!*
la casa *house*	¡Qué grande es tu casa...! *Your house is so big!*
Día de la Madre *Mother's Day*	¿Quién pelea con quién? *Who fights with whom?*
Ésta es la cocina. *This is the kitchen.*	te muestro *I'll show you*
Éste es un patio interior. *This is an interior patio.*	Vamos. *Let's go.*

2 **¡En español!** Look at the video still. Imagine what Mónica will say about families in Ecuador, and write a two- or three-sentence introduction to this episode.

Mónica, Quito

¡Hola, amigos! Bienvenidos a otra aventura de *Flash cultura*. Hoy vamos (*we are going*) a hablar de... _____

_____

_____

_____

_____

_____

_____

Mientras ves el video

3 **Identificar** Identify which family these people belong to: **los Valdivieso**, **los Bolaños**, or both.

Personas	Los Valdivieso	Los Bolaños
1. abuelos	_____	_____
2. novia	_____	_____
3. esposo	_____	_____
4. esposa	_____	_____
5. sobrinos	_____	_____
6. dos hijos y una hija	_____	_____

Nombre _____ Fecha _____

4 **Emparejar** Watch as Mrs. Valdivieso gives Mónica a tour of the house. Match the captions to the appropriate images.

1. _____ 2. _____ 3. _____

a. Y éste es el comedor... Todos comemos aquí.
b. Vamos, te enseño el resto de la casa.
c. Éste es un patio interior. Aquí hacemos reuniones familiares.
d. Finalmente, ésta es la cocina.
e. ¿Qué están haciendo hoy en el parque?

Después de ver el video

5 **¿Cierto o falso?** Indicate whether each statement is **cierto** or **falso**.

1. En el parque, una familia celebra el Día de la Madre. _____
2. La familia Valdivieso representa la familia moderna y la familia Bolaños representa la familia tradicional. _____
3. Los Bolaños no viven en Quito. _____
4. Bernardo tiene animales en su casa. _____
5. Los Valdivieso toman canelazo. _____

6 **¿Qué te gusta?** Imagine that you are one of the Valdivieso children and that Mónica asks you about your likes and dislikes. Select one of the children and write a paragraph using the cues provided.

bailar   dibujar   hermanos   padres

_____
_____
_____
_____

7 **Andy, un chico con novia** Andy's parents just found out that he has a girlfriend. Imagine that they are being introduced to her for the first time. Write five questions they would ask her.

_____
_____
_____
_____

Nombre _____ Fecha _____

¡Fútbol en España!   Lección 4

Antes de ver el video

1   **Más vocabulario**   Look over these useful words before you watch the video.

Vocabulario útil		
la afición *fans*	nunca *never*	seguro/a *sure*
más allá *beyond*	se junta (con) *is intertwined (with)*	la válvula de escape *outlet*

2   **¡En español!**   Look at the video still. Imagine what Mari Carmen will say about soccer in Spain, and write a two- or three-sentence introduction to this episode.

Mari Carmen Ortiz, Barcelona

¡Hola, amigos! ¡Bienvenidos a *Flash cultura*! Hoy vamos a

hablar de… _____

_____

_____

_____

_____

Mientras ves el video

3   **Identificar**   You might see any of these actions in a video about soccer in Spain. Check off the items you see in this episode.

___ a. celebrar un gol (*goal*)   ___ d. hablar con un jugador famoso   ___ f. pasear en bicicleta

___ b. comer churros   ___ e. jugar al fútbol   ___ g. celebrar en las calles (*streets*)

___ c. ganar un premio (*award*)   ___ h. jugar al fútbol americano

4   **Emparejar**   Indicate which teams these people are affiliated with.

1.   2.   3.

○ Barça   ○ Barça   ○ Barça

○ Real Madrid   ○ Real Madrid   ○ Real Madrid

○ no corresponde   ○ no corresponde   ○ no corresponde

Nombre _____ Fecha _____

Después de ver el video

5 Completar Complete each statement with the correct option.

| aficionados al fútbol | churros | estadio | gol | Red Sox |

1. En España hay muchos _____.
2. Camp Nou es un _____ en Barcelona.
3. La rivalidad entre el Barça y el Real Madrid es comparable con la rivalidad entre los Yankees y los _____ en béisbol.
4. Mari Carmen compra _____.

6 Aficionados Who are these fans? Imagine what they would say if they introduced themselves. Write information like their name, age, origin, team affiliation, and any other details that come to mind.

> **modelo**
> Aficionado: ¡Hola! Soy José Artigas y soy de Madrid. Mi equipo favorito es el Real Madrid. Miro todos los partidos en el estadio. ¡VIVA EL REAL MADRID! ¡Nunca pierde!

_____
_____
_____
_____
_____
_____
_____
_____

7 Un futbolista Imagine that you are Mari Carmen and you decide to interview a famous soccer player in Spain. Write five questions you would ask him.

> **modelo**
> ¿Dónde prefieres vivir?

_____
_____
_____

Nombre _____ Fecha _____

¡Vacaciones en Perú!

Antes de ver el video

1 Más vocabulario Look over these useful words before you watch the video.

Vocabulario útil		
aislado/a *isolated*	disfrutar *to enjoy*	se salvó *was saved*
andino/a *Andean*	el esfuerzo *effort*	la selva *jungle*
ayudó *helped*	hemos contratado *we have hired*	subir *to climb, to go up*
el cultivo *farming*	la obra *work (of art)*	la vuelta al mundo *around the world*

2 Completar Complete these sentences. Make the necessary changes.

1. Machu Picchu es una _____ muy importante de la civilización inca.

   Esta (*This*) ciudad inca está rodeada (*surrounded*) de una gran _____.

2. Los incas fueron (*were*) grandes artistas y expertos en técnicas de _____

   como el sistema de terrazas (*terraces*).

3. Hoy muchos turistas van a _____ de las ruinas incas y del maravilloso paisaje

   (*landscape*) andino.

4. Cada año miles de personas deciden _____ hasta Machu Picchu por el Camino Inca.

3 ¡En español! Look at the video still. Imagine what Omar will say about Machu Picchu, and write a two- or three-sentence introduction to this episode.

Omar Fuentes, Perú

¡Bienvenidos a otra aventura de *Flash cultura*! Hoy estamos en…

_____

_____

_____

_____

Mientras ves el video

4 Descripción What does Noemí say about the lost city of Machu Picchu? Complete this quote.

"Omar, te cuento (*let me tell you*) que Machu Picchu se salvó de la invasión (1)_____

gracias a que se encuentra (*it's located*) (2)_____ sobre esta (3)_____,

como tú puedes ver. Y también la (4)_____ ayudó mucho… lo cubrió (*covered*)

rápidamente, y eso también contribuye".

Nombre _____ Fecha _____

5 **Emparejar** Watch the tourists describe their impressions of Machu Picchu. Match the captions to the appropriate people.

1. _____   2. _____

3. _____   4. _____

a. enigma y misterio
b. magnífico y misterioso
c. algo esplendoroso, algo único…
d. ¡Fantástico!
e. Nos encanta muchísimo.

Después de ver el video

6 **¿Cierto o falso?** Indicate whether each statement is **cierto** or **falso**.
1. Las ruinas de Machu Picchu están al lado del mar. _____
2. Hay menos de (*less than*) cien turistas por día en el santuario (*sanctuary*) inca. _____
3. Cuando visitas Machu Picchu, puedes contratar a un guía experto. _____
4. Todos los turistas llegan a Machu Picchu en autobús. _____
5. Omar pregunta a los turistas por qué visitan Machu Picchu. _____

7 **¡La vuelta al mundo!** Imagine that you are a travel agent and that the French globetrotting family is planning its next destination. Write a conversation between you and the mother. Suggest a destination, describe the activities the family can do, and work out how to get there, where to stay, and for how long.

_____
_____
_____
_____
_____
_____
_____

Nombre _____ Fecha _____

Comprar en los mercados Lección 6

Antes de ver el video

1 **Más vocabulario** Look over these useful words before you watch the video.

Vocabulario útil		
las artesanías *handicrafts*	la heladería *ice-cream shop*	la soda (C.R.) *food stall*
el camarón *shrimp*	el helado *ice cream*	la sopa de mondongo *tripe soup*
la carne *meat*	el pescado *fish*	suave *soft*
la flor *flower*	¡Pura vida! *Cool!, Alright!*	el/la tico/a *person from Costa Rica*
la fruta *fruit*	el regateo *haggling, bargaining*	vale *it costs*

2 **¡En español!** Look at the video still. Imagine what Randy will say about markets in Costa Rica, and write a two- or three-sentence introduction to this episode.

Randy Cruz, Costa Rica

¡Hola a todos! Hoy estamos en… _____

_____

_____

_____

_____

Mientras ves el video

3 **¿Qué compran?** Identify which item(s) these people buy at the market.

1. _____ 2. _____ 3. _____

a. frutas   d. camarones y flores

b. artesanías   e. zapatos

c. carne y pescado

Nombre _____ Fecha _____

4 Completar Watch Randy bargain and complete this conversation.

RANDY ¿(1)_____ vale?
VENDEDOR Trescientos (2)_____.
RANDY Trescientos colones el kilo. Me puede hacer un (3)_____, ¿sí?
VENDEDOR Perfecto.

VENDEDOR OK... (4)_____ cuatro ochenta... cuatro y medio.
RANDY Cuatrocientos.
VENDEDOR Cuatro (5)_____.
RANDY Cuatrocientos cuarenta.
VENDEDOR Sí, señor.

Después de ver el video

5 Ordenar Put Randy's actions in the correct order.
____ a. Busca la heladería en el Mercado Central.
____ b. Regatea el precio de unas papayas.
____ c. Va al mercado al aire libre.
____ d. Entrevista a personas en el Mercado Central.
____ e. Toma sopa de mondongo, un plato (*dish*) típico de Costa Rica.

6 ¡Aquí no hay descuentos! Imagine that Randy wants to buy an item of clothing that he really likes, but he doesn't have enough money to pay the full price. Write a conversation between Randy and a salesperson in which Randy negotiates the price. Be creative!

_____
_____
_____
_____
_____

7 Preguntas Answer these questions.

1. ¿En qué lugares o tipos de tiendas haces las compras generalmente? ¿Pequeñas tiendas, grandes almacenes o centros comerciales? _____

2. ¿Con quién(es) sales generalmente a comprar ropa: solo/a (*alone*), con amigos o con alguien (*someone*) de tu familia? ¿Por qué? _____

3. ¿Cómo prefieres pagar tus compras: en efectivo o con tarjeta de crédito? ¿Por qué? _____

4. ¿Esperas las rebajas para comprar cosas que quieres o no te importa (*you don't mind*) pagar el precio normal? _____

Nombre _____ Fecha _____

Tapas para todos los días

Antes de ver el video

1 **Más vocabulario** Look over these useful words before you watch the video.

Vocabulario útil		
los caracoles *snails*	informal *casual, informal*	preparaban unos platillos *used to prepare little dishes*
Cataluña *Catalonia (an autonomous community in Spain)*	País Vasco *Basque Country (autonomous community in Spain)*	las tortillas de patata *Spanish potato omelets*
contar los palillos *counting the toothpicks*	el pan *bread*	el trabajo *job; work*
la escalivada *grilled vegetables*	las porciones de comida *food portions*	único/a *unique*

2 **Completar** Complete this paragraph about **tapas** with vocabulary from Activity 1.

Las tapas son pequeñas (1)_____ que se sirven en bares y restaurantes de España. Hay diferentes tipos de tapas: los (2)_____ y las (3)_____ son algunos ejemplos. En algunos bares, los camareros (*waiters*) traen la comida, pero en lugares más (4)_____ el cliente toma las tapas en la barra (*bar*). Es muy común salir solo o con amigos a tomar tapas después del trabajo. Sin duda, ¡salir de tapas en España es una experiencia fantástica y (5)_____!

3 **¡En español!** Look at the video still. Imagine what Mari Carmen will say about **tapas** in Barcelona, and write a two- or three-sentence introduction to this episode.

Mari Carmen, España

¡Hola! Hoy estamos en Barcelona. Esta bonita ciudad... _____
_____
_____
_____
_____
_____

Mientras ves el video

4 **Montaditos** Indicate whether these statements about **montaditos** are **cierto** or **falso**.

1. Los cajeros cuentan los palillos para saber cuánto deben pagar los clientes. _____

2. Los montaditos son informales. _____

3. Los montaditos son caros. _____

4. Los montaditos se preparan siempre con pan. _____

5. Hay montaditos en bares al aire libre solamente. _____

5 Completar (03:13–03:29) Watch these people talk about **tapas**, and complete this conversation.

MARI CARMEN ¿Cuándo sueles venir a (1)_____ tapas?
HOMBRE Generalmente (2)_____ del trabajo. Cuando al salir de trabajar (3)_____ hambre, vengo (4)_____.
MARI CARMEN ¿Y vienes solo, vienes con amigos o da igual (*doesn't it matter*)?
HOMBRE Da igual. Si alguien (5)_____ conmigo, mejor; y si no, vengo solo.

Después de ver el video

6 ¿Cierto o falso? Indicate whether these statements are **cierto** or **falso**.

1. Mari Carmen pasea en motocicleta por el centro de Barcelona. _____
2. Mari Carmen entrevista a personas sobre sus hábitos después de salir del trabajo. _____
3. Una versión sobre el origen de las tapas dice que un rey (*king*) necesitaba (*needed*) comer pocas veces al día. _____
4. Los restaurantes elegantes y caros sirven montaditos. _____
5. La tradición del montadito proviene (*comes from*) del País Vasco. _____
6. Los pinchos son sólo platos fríos. _____

7 Un día en la vida de... Select one of these people and imagine a typical workday. Consider his or her daily routine as well as the time he or she gets up, goes to work, spends with friends, goes back home, and goes to sleep. Use the words provided.

| más tarde | se acuesta | se levanta |
| por la noche | se cepilla los dientes | va al trabajo |

Nombre _____ Fecha _____

La comida latina

Antes de ver el video

1 **Más vocabulario** Look over these useful words before you watch the video.

Vocabulario útil		
el arroz congrí *mixed rice and beans from Cuba*	el frijol *bean*	la rebanada *slice*
el azafrán *saffron*	el perejil *parsley*	el taco al pastor *Shepherd-style taco*
la carne molida *ground beef*	el picadillo a la habanera *Cuban-style ground beef*	la torta al pastor *traditional sandwich from Tijuana*
la carne picada *diced beef*	el plátano *banana*	la ropa vieja *Cuban shredded beef*
el cerdo *pork*	el pollo *chicken*	

2 **¡En español!** Look at the video still. Imagine what Leticia will say about **la comida latina** in Los Angeles, and write a two- or three-sentence introduction to this episode.

Leticia, Estados Unidos

¡Hola! Soy Leticia Arroyo desde Los Ángeles. Hoy vamos a hablar sobre… _____

_____

_____

_____

_____

_____

Mientras ves el video

3 **Completar** (04:15–04:48) Watch Leticia ask other customers in the restaurant for recommendations and complete this conversation.

LETICIA Señoritas, ¿qué estamos (1)_____ de rico?

CLIENTE 1 Mojito.

LETICIA ¿Y de qué se trata el (2)_____?

CLIENTE 1 Es pollo con cebolla, arroz blanco, (3)_____ negros y plátanos fritos. Es delicioso.

LETICIA Rico. ¿Y el tuyo?

CLIENTE 2 Yo estoy comiendo (4)_____ con pollo, que es arroz amarillo, pollo y plátanos fritos.

LETICIA ¿Y otras cosas en el (5)_____ que están ricas también?

CLIENTE 2 A mí me (6)_____ la ropa vieja.

4 Ordenar Put these events in the correct order.

_____ a. Toma un café en el restaurante cubano.

_____ b. Leticia habla con el gerente (*manager*) de un supermercado.

_____ c. Leticia come picadillo, un plato típico cubano.

_____ d. La dueña de una taquería mexicana le muestra a Leticia diferentes platos mexicanos.

_____ e. Leticia compra frutas y verduras en un supermercado hispano.

Después de ver el video

5 Emparejar Match these expressions to the appropriate situations.

_____ 1. ¿Qué me recomienda?   _____ 4. ¿Está listo/a para ordenar?

_____ 2. ¡Se me hace agua la boca!   _____ 5. A la orden.

_____ 3. ¡Que se repita!

a. Eres un(a) empleado/a de una tienda. Ayudaste a un(a) cliente/a a hacer una compra. Él/Ella te dice gracias. ¿Qué le respondes?

b. Estás en un restaurante. Miraste el menú, pero todavía no sabes qué quieres comer. ¿Qué le dices al/a la camarero/a?

c. El/La camarero/a te dio el menú hace cinco minutos y ahora se acerca para preguntarte si sabes lo que quieres pedir. ¿Qué pregunta te hace?

d. Terminas de comer y pagas, estás muy contento/a por la comida y el servicio que recibiste. ¿Qué le dices al/a la camarero/a?

e. Acabas de entrar en un supermercado. Tienes mucha hambre y ves unos postres que te parecen (*seem*) deliciosos. ¿Qué dices?

6 Un plato típico Research one of these typical dishes or drinks from the Hispanic world. Find out about its ingredients, where it is typical, and any other information that you find interesting.

> ropa vieja   picadillo a la habanera   horchata
> Inca Kola   malta Hatuey   mate

Nombre _____ Fecha _____

Las fiestas

Antes de ver el video

1 Más vocabulario Look over these useful words before you watch the video.

Vocabulario útil		
alegrar *to make happy*	el cartel *poster*	la parranda *party*
las artesanías *crafts*	la clausura *closing ceremony*	la pintura *painting*
el/la artesano/a *craftsperson; artisan*	destacarse *to stand out*	el santo de palo *wooden saint*
los cabezudos *carnival figures with large heads*	el Día de Reyes *Three Kings' Day*	tocar el tambor *playing drums*
la canción de Navidad *Christmas carol*	las frituras *fried foods; fritters*	los Tres Santos Reyes/Reyes Magos *Three Kings*
	la madera *wood*	
	la misa *mass*	

2 Completar Complete this paragraph about **la Navidad** in Puerto Rico.

En Puerto Rico, las Navidades no terminan después del (1)_____, como en el resto de los países hispanos, sino después de las Fiestas de la Calle San Sebastián. Hay muchas expresiones artísticas de (2)_____ locales; entre ellas se destacan los (3)_____, que son pequeñas estatuas (*statues*) de madera de vírgenes y santos. La (4)_____ empieza por la noche cuando las personas salen a disfrutar del baile y la música con amigos y familiares.

3 ¡En español! Look at the video still. What do you think this episode will be about? Imagine what Diego will say and write a two- or three-sentence introduction to this episode.

Diego Palacios, Puerto Rico

¡Bienvenidos! Soy Diego Palacios, de Puerto Rico. Hoy les quiero mostrar... _____
_____
_____
_____

Mientras ves el video

4 Ordenar Ordena cronológicamente lo que Diego hizo (*did*).

___ a. Les preguntó a personas qué disfrutaban más de las fiestas.

___ b. Bailó con los cabezudos en la calle.

___ c. Habló con artesanos sobre los santos de palo.

___ d. Tomó un helado de coco.

___ e. Comió unas frituras.

Nombre _____ Fecha _____

5 **Emparejar** Match the captions to the appropriate elements.

1. ___   2. ___
3. ___   4. ___

a. el güiro   b. los cabezudos   c. los santos de palo   d. el pandero   e. los carteles

Después de ver el video

6 **¿Cierto o falso?** Indicate whether each statement is **cierto** or **falso**.

1. Las Navidades en Puerto Rico terminan con del Día de Reyes. _____
2. Los artistas hacen cuadros y carteles sobre la Navidad. _____
3. En Puerto Rico, todas las celebraciones navideñas son religiosas. _____
4. Los santos de palo representan a personajes puertorriqueños. _____
5. Según un artesano, la pieza de artesanía más popular es la de los Tres Santos Reyes. _____
6. El güiro y el pandero son algunos de los instrumentos típicos de la música de estas fiestas. _____

7 **¡De parranda!** Imagine that you are an exchange student in Puerto Rico and that you are attending this celebration. You are dancing on the street when suddenly Diego spots you and decides to interview you. Tell him how you feel and what cultural aspects catch your attention. Make sure to include these words.

| artistas | bailar | cabezudos | de parranda | en la calle | tocar el tambor |

_____
_____
_____
_____

Nombre _____ Fecha _____

contextos

Lección 1

1 **Identificar** You will hear six short exchanges. For each one, decide whether it is a greeting, an introduction, or a leave-taking. Mark the appropriate column with an **X**.

> **modelo**
> You hear: RAQUEL David, te presento a Paulina.
> DAVID Encantado.
> You mark: an **X** under **Introduction**.

	Greeting	Introduction	Leave-taking
Modelo		X	
1.			
2.			
3.			
4.			
5.			
6.			

2 **Asociar** You will hear three conversations. Look at the drawing and write the number of the conversation under the appropriate group of people.

3 **Preguntas** Listen to each question or statement and respond with an answer from the list. Repeat the correct response after the speaker.

a. Bien, gracias.   c. Lo siento.   e. Nada.
b. Chau.   d. Mucho gusto.   f. Soy de los Estados Unidos.

© by Vista Higher Learning, Inc. All rights reserved.   **Lección 1** Audio Activities   **105**

pronunciación

Lección 1

The Spanish alphabet

The Spanish and English alphabets are almost identical, with a few exceptions. For example, the Spanish letter **ñ (eñe)** doesn't occur in the English alphabet. Furthermore, the letters **k (ka)** and **w (doble ve)** are used only in words of foreign origin. Examine the chart below to find other differences.

Letra	Nombre(s)	Ejemplo(s)	Letra	Nombre(s)	Ejemplo(s)
a	a	**a**diós	n	ene	**n**acionalidad
b	be	**b**ien, pro**b**lema	ñ	eñe	ma**ñ**ana
c	ce	**c**osa, **c**ero	o	o	**o**nce
ch	che	**ch**ico	p	pe	**p**rofesor
d	de	**d**iario, na**d**a	q	cu	**q**ué
e	e	**e**studiante	r	ere	**r**egular, seño**r**a
f	efe	**f**oto	s	ese	**s**eñor
g	ge	**g**racias, **G**erardo, re**g**ular	t	te	**t**ú
h	hache	**h**ola	u	u	**u**sted
i	i	**i**gualmente	v	ve	**v**ista, nue**v**o
j	jota	**J**avier	w	doble ve	*w*alkman
k	ka, ca	**k**ilómetro	x	equis	e**x**istir, Mé**x**ico
l	ele	**l**ápiz	y	i griega, ye	**y**o
ll	elle	**ll**ave	z	zeta, ceta	**z**ona
m	eme	**m**apa			

1 **El alfabeto** Repeat the Spanish alphabet and example words after the speaker.

2 **Práctica** When you hear the number, say the corresponding word aloud and then spell it. Then listen to the speaker and repeat the correct response.

1. nada
2. maleta
3. quince
4. muy
5. hombre
6. por favor
7. San Fernando
8. Estados Unidos
9. Puerto Rico
10. España
11. Javier
12. Ecuador
13. Maite
14. gracias
15. Nueva York

3 **Dictado** You will hear six people introduce themselves. Listen carefully and write the people's names as they spell them.

1. _____
2. _____
3. _____
4. _____
5. _____
6. _____

Nombre _____   Fecha _____

estructura

1.1 Nouns and articles

1 Identificar You will hear a series of words. Decide whether the word is masculine or feminine, and mark an **X** in the appropriate column.

modelo
You hear: lección
You mark: an **X** under **Feminine**.

	Masculine	Feminine
Modelo		X
1.		
2.		
3.		
4.		
5.		
6.		
7.		
8.		

2 Transformar Change each word from the masculine to the feminine. Repeat the correct answer after the speaker. (*6 items*)

modelo
el chico
la chica

3 Cambiar Change each word from the singular to the plural. Repeat the correct answer after the speaker. (*8 items*)

modelo
una palabra
unas palabras

4 Completar Listen as Silvia reads her shopping list. Write the missing words.

_____ diccionario
un _____
_____ cuadernos
_____ mapa de _____
_____ lápices

Nombre _____ Fecha _____

1.2 Numbers 0–30

1 **¡Bingo!** You are going to play two games (**juegos**) of bingo. As you hear each number, mark it with an **X** on your bingo card.

Juego 1		
1	3	5
29	25	6
14	18	17
9	12	21

Juego 2		
0	30	27
10	3	2
16	19	4
28	22	20

2 **Números** Use the cue to tell how many there are of each item. Repeat the correct response after the speaker.

modelo
You see: 18 chicos
You say: dieciocho chicos

1. 15 lápices
2. 4 computadoras
3. 8 cuadernos
4. 22 días
5. 9 lecciones
6. 30 fotos
7. 1 palabra
8. 26 diccionarios
9. 12 países
10. 3 problemas
11. 17 escuelas
12. 25 turistas

3 **Completar** You will hear a series of math problems. Write the missing numbers and solve the problems.

1. _____ + ___11___ = _____
2. _____ – ___5___ = _____
3. ___8___ + _____ = _____
4. _____ – ___12___ = _____
5. ___3___ + _____ = _____
6. _____ + ___0___ = _____

4 **Preguntas** Look at the drawing and answer each question you hear. Repeat the correct response after the speaker. (*6 items*)

Lección 1 Audio Activities

1.3 Present tense of **ser**

1 Identificar Listen to each sentence and mark an **X** in the column for the subject of the verb.

modelo
You hear: Son pasajeros.
You mark: an **X** under **ellos**.

	yo	tú	él	nosotros	ellos
Modelo					X
1.					
2.					
3.					
4.					
5.					
6.					

2 Cambiar Form a new sentence using the cue you hear as the subject. Repeat the correct answer after the speaker. (*8 items*)

modelo
Isabel es de los Estados Unidos. (yo)
Yo soy de los Estados Unidos.

3 Escoger Listen to each question and choose the most logical response.

1. a. Soy Patricia.   b. Es la señora Gómez.
2. a. Es de California.   b. Él es conductor.
3. a. Es de Canadá.   b. Es un diccionario.
4. a. Es de Patricia.   b. Soy estudiante.
5. a. Él es conductor.   b. Es de España.
6. a. Es un cuaderno.   b. Soy de los Estados Unidos.

4 Preguntas Answer each question you hear using the cue. Repeat the correct response after the speaker.

modelo
You hear: ¿De dónde es Pablo?
You see: Estados Unidos
You say: Él es de los Estados Unidos.

1. España   2. California   3. México   4. Ecuador   5. Puerto Rico   6. Colorado

5 ¿Quiénes son? Listen to this conversation and write the answers to the questions.

1. ¿Cómo se llama el hombre? _____   4. ¿De dónde es ella? _____
2. ¿Cómo se llama la mujer? _____   5. ¿Quién es estudiante? _____
3. ¿De dónde es él? _____   6. ¿Quién es profesor? _____

Nombre _____ Fecha _____

1.4 Telling time

1 **La hora** Look at the clock and listen to the statement. Indicate whether the statement is **cierto** or **falso**.

1. Cierto ○ Falso ○
2. Cierto ○ Falso ○
3. Cierto ○ Falso ○
4. Cierto ○ Falso ○
5. Cierto ○ Falso ○
6. Cierto ○ Falso ○

2 **Preguntas** Some people want to know what time it is. Answer their questions, using the cues. Repeat the correct response after the speaker.

> **modelo**
> You hear: ¿Qué hora es, por favor?
> You see: 3:10 p.m.
> You say: Son las tres y diez de la tarde.

1. 1:30 p.m. 3. 2:05 p.m. 5. 4:54 p.m.
2. 9:06 a.m. 4. 7:15 a.m. 6. 10:23 p.m.

3 **¿A qué hora?** You are trying to plan your class schedule. Ask your counselor what time these classes meet and write the answer.

> **modelo**
> You see: la clase de economía
> You say: ¿A qué hora es la clase de economía?
> You hear: Es a las once y veinte de la mañana.
> You write: 11:20 a.m.

1. la clase de biología: _____   4. la clase de literatura: _____

2. la clase de arte: _____   5. la clase de historia: _____

3. la clase de matemáticas: _____   6. la clase de sociología: _____

vocabulario

You will now hear the vocabulary found in your textbook on the last page of this lesson. Listen and repeat each Spanish word or phrase after the speaker.

Nombre _____ Fecha _____

contextos

1 **Identificar** Look at each drawing and listen to the statement. Indicate whether the statement is **cierto** or **falso**.

	Cierto	Falso		Cierto	Falso		Cierto	Falso
1.	○	○	2.	○	○	3.	○	○
4.	○	○	5.	○	○	6.	○	○

2 **¿Qué día es?** Your friend Diego is never sure what day of the week it is. Respond to his questions saying that it is the day before the one he mentions. Then repeat the correct answer after the speaker. (6 items)

> **modelo**
> Hoy es domingo, ¿no?
> No, hoy es sábado.

3 **Preguntas** You will hear a series of questions. Look at Susana's schedule for today and answer each question. Then repeat the correct response after the speaker.

martes 18

9:00 economía — Sr. Rivera

11:00 química — Sra. Hernández

12:15 cafetería — Carmen

1:30 prueba de contabilidad — Sr. Ramos

3:00 matemáticas — Srta. Torres

4:30 laboratorio de computación — Héctor

Lección 2 Audio Activities 111

Nombre _____ Fecha _____

pronunciación

Lección 2

Spanish vowels

Spanish vowels are never silent; they are always pronounced in a short, crisp way without the glide sounds used in English.

    a   **e**   **i**   **o**   **u**

The letter **a** is pronounced like the *a* in *father*, but shorter.

    Álex   cl**a**se   n**a**d**a**   enc**a**nt**a**d**a**

The letter **e** is pronounced like the *e* in *they*, but shorter.

    el   **e**n**e**   m**e**sa   **e**l**e**fant**e**

The letter **i** sounds like the *ee* in *beet*, but shorter.

    Inés   ch**i**ca   t**i**za   señor**i**ta

The letter **o** is pronounced like the *o* in *tone*, but shorter.

    h**o**la   c**o**n   libr**o**   d**o**n Francisc**o**

The letter **u** sounds like the *oo* in *room*, but shorter.

    uno   reg**u**lar   sal**u**dos   g**u**sto

1 **Práctica** Practice the vowels by repeating the names of these places in Spain after the speaker.

1. Madrid
2. Alicante
3. Tenerife
4. Toledo
5. Barcelona
6. Granada
7. Burgos
8. La Coruña

2 **Oraciones** Repeat each sentence after the speaker, focusing on the vowels.

1. Hola. Me llamo Ramiro Morgado.
2. Estudio arte en la Universidad de Salamanca.
3. Tomo también literatura y contabilidad.
4. Ay, tengo clase en cinco minutos. ¡Nos vemos!

3 **Refranes** Repeat each saying after the speaker to practice vowels.

1. Del dicho al hecho hay un gran trecho.
2. Cada loco con su tema.

4 **Dictado** You will hear a conversation. Listen carefully and write what you hear during the pauses. The entire conversation will then be repeated so you can check your work.

JUAN _____

_____

_____

ROSA _____

JUAN _____

ROSA _____

estructura

2.1 Present tense of -ar verbs

1 Identificar Listen to each sentence and mark an **X** in the column for the subject of the verb.

modelo
You hear: Trabajo en la cafetería.
You mark: an **X** under **yo**.

	yo	tú	él/ella	nosotros/as	ellos/ellas
Modelo	X				
1.					
2.					
3.					
4.					
5.					
6.					
7.					
8.					

2 Cambiar Form a new sentence using the cue you hear as the subject. Repeat the correct answer after the speaker. (*6 items*)

modelo
María practica los verbos ahora. (José y María)
José y María practican los verbos ahora.

3 Preguntas Answer each question you hear in the negative. Repeat the correct response after the speaker. (*8 items*)

modelo
¿Estudias geografía?
No, yo no estudio geografía.

4 Completar Listen to the following description and write the missing words.

Teresa y yo (1) _____ en la Universidad Autónoma de Madrid. Teresa

(2) _____ lenguas extranjeras. Ella (3) _____ trabajar

en las Naciones Unidas (*United Nations*). Yo (4) _____ clases de periodismo.

También me gusta (5) _____ y (6) _____. Los sábados

(7) _____ con una tuna. Una tuna es una orquesta (*orchestra*) estudiantil.

Los jóvenes de la tuna (8) _____ por las calles (*streets*) y

(9) _____ canciones (*songs*) tradicionales de España.

Nombre _____ Fecha _____

2.2 Forming questions in Spanish

1 **Escoger** Listen to each question and choose the most logical response.

1. a. Porque mañana es la prueba. b. Porque no hay clase mañana.
2. a. Viaja en autobús. b. Viaja a Toledo.
3. a. Llegamos el 3 de abril. b. Llegamos al estadio.
4. a. Isabel y Diego dibujan. b. Dibujan en la clase de arte.
5. a. No, enseña física. b. No, enseña en la Universidad Politécnica.
6. a. Escuchan un video. b. Escuchan música clásica.
7. a. Sí, me gusta mucho. b. Miro la televisión en casa.
8. a. Hay diccionarios en la biblioteca. b. Hay tres.

2 **Cambiar** Change each sentence into a question using the cue. Repeat the correct response after the speaker.

modelo
You hear: Los turistas toman el autobús.
You see: ¿Quiénes?
You say: ¿Quiénes toman el autobús?

1. ¿Dónde?   3. ¿Qué?, (tú)   5. ¿Cuándo?   7. ¿Quiénes?
2. ¿Cuántos? 4. ¿Quién?   6. ¿Dónde?   8. ¿Qué?, (tú)

3 **¿Lógico o ilógico?** You will hear some questions and the responses. Decide if they are **lógico** (*logical*) or **ilógico** (*illogical*).

1. Lógico   Ilógico   4. Lógico   Ilógico
2. Lógico   Ilógico   5. Lógico   Ilógico
3. Lógico   Ilógico   6. Lógico   Ilógico

4 **Un anuncio** Listen to this radio advertisement and answer the questions.

1. ¿Dónde está (*is*) la Escuela Cervantes? _____

2. ¿Qué cursos ofrecen (*do they offer*) en la Escuela Cervantes? _____

3. ¿Cuándo practican los estudiantes el español? _____

4. ¿Adónde viajan los estudiantes de la Escuela Cervantes? _____

Nombre _____ Fecha _____

2.3 Present tense of estar

1 **Describir** Look at the drawing and listen to each statement. Indicate whether the statement is **cierto** or **falso**.

	Cierto	Falso		Cierto	Falso		Cierto	Falso
1.	○	○	3.	○	○	5.	○	○
2.	○	○	4.	○	○	6.	○	○

2 **Cambiar** Form a new sentence using the cue you hear. Repeat the correct answer after the speaker. (*8 items*)

> *modelo*
> Irma está en la biblioteca. (Irma y Hugo)
> Irma y Hugo están en la biblioteca.

3 **Escoger** You will hear some sentences with a beep in place of the verb. Decide which form of **ser** or **estar** should complete each sentence and circle it.

> *modelo*
> You hear: Javier (*beep*) estudiante.
> You circle: **es** because the sentence is **Javier es estudiante**.

1. es   está
2. es   está
3. es   está
4. Somos   Estamos

5. es   está
6. eres   estás
7. son   están
8. Son   Están

© by Vista Higher Learning, Inc. All rights reserved.

Lección 2 Audio Activities   115

Nombre _____ Fecha _____

2.4 Numbers 31 and higher

1 **Números de teléfono** You want to invite some classmates to a party, but you don't have their telephone numbers. Ask the person who sits beside you what their telephone numbers are, and write the answer.

> **modelo**
> You see: Elián
> You say: ¿Cuál es el número de teléfono de Elián?
> You hear: Es el ocho, cuarenta y tres, cero, ocho, treinta y cinco.
> You write: 843-0835

1. Arturo: _____   5. Simón: _____

2. Alicia: _____   6. Eva: _____

3. Roberto: _____   7. José Antonio: _____

4. Graciela: _____   8. Mariana: _____

2 **Dictado** Listen carefully and write each number as numerals rather than words.

1. _____ 4. _____ 7. _____

2. _____ 5. _____ 8. _____

3. _____ 6. _____ 9. _____

3 **Mensaje telefónico** Listen to this telephone conversation and complete the phone message with the correct information.

Mensaje telefónico

Para (*For*) _____
De parte de (*From*) _____
Teléfono _____
Mensaje _____
_____
_____
_____

vocabulario

You will now hear the vocabulary found in your textbook on the last page of this lesson. Listen and repeat each Spanish word or phrase after the speaker.

contextos

1 Escoger You will hear some questions. Look at the family tree and choose the correct answer to each question.

1. a. Pilar   b. Concha
2. a. Luis Miguel b. Eduardo
3. a. Sofía   b. Ana María
4. a. Raquel   b. Sofía
5. a. José Antonio y Ramón   b. Eduardo y Ana María
6. a. Joaquín   b. Eduardo
7. a. Ana María   b. Sofía
8. a. Luis Miguel b. Juan Carlos

2 La familia González Héctor wants to verify the relationship between various members of the González family. Look at the drawing and answer his questions with the correct information. Repeat the correct response after the speaker. (*6 items*)

> **modelo**
> Juan Carlos es el abuelo de Eduardo, ¿verdad?
> No, Juan Carlos es el padre de Eduardo.

3 Profesiones Listen to each statement and write the number of the statement below the drawing it describes.

a. _____   b. _____   c. _____   d. _____

pronunciación

Lección 3

Diphthongs and linking

In Spanish, **a**, **e**, and **o** are considered strong vowels. The weak vowels are **i** and **u**.

    herm**a**n**o**   n**i**ñ**a**   cuñ**a**d**o**

A diphthong is a combination of two weak vowels or of a strong vowel and a weak vowel. Diphthongs are pronounced as a single syllable.

    r**ui**do   par**ie**ntes   per**io**dista

Two identical vowel sounds that appear together are pronounced like one long vowel.

    l**a a**buela   m**i hi**jo   una clas**e e**xcelente

Two identical consonants together sound like a single consonant.

    co**n N**atalia   su**s s**obrinos   la**s s**illas

A consonant at the end of a word is always linked with the vowel sound at the beginning of the next word.

    E**s i**ngeniera.   mi**s a**buelos   su**s h**ijos

A vowel at the end of a word is always linked with the vowel sound at the beginning of the next word.

    m**i h**ermano   s**u e**sposa   nuestr**o a**migo

1 **Práctica** Repeat each word after the speaker, focusing on the diphthongs.

1. historia
2. nieto
3. parientes
4. novia
5. residencia
6. prueba
7. puerta
8. ciencias
9. lenguas
10. estudiar
11. izquierda
12. ecuatoriano

2 **Oraciones** When you hear the number, read the corresponding sentence aloud. Then listen to the speaker and repeat the sentence.

1. Hola. Me llamo Anita Amaral. Soy del Ecuador.
2. Somos seis en mi familia.
3. Tengo dos hermanos y una hermana.
4. Mi papá es del Ecuador y mi mamá es de España.

3 **Refranes** Repeat each saying after the speaker to practice diphthongs and linking sounds.

1. Cuando una puerta se cierra, otra se abre.
2. Hablando del rey de Roma, por la puerta se asoma.

4 **Dictado** You will hear eight sentences. Each will be said twice. Listen carefully and write what you hear.

1. _____
2. _____
3. _____
4. _____
5. _____
6. _____
7. _____
8. _____

estructura

3.1 Descriptive adjectives

1 Transformar Change each sentence from the masculine to the feminine. Repeat the correct answer after the speaker. (*6 items*)

> **modelo**
> El chico es mexicano.
> La chica es mexicana.

2 Cambiar Change each sentence from the singular to the plural. Repeat the correct answer after the speaker. (*6 items*)

> **modelo**
> El profesor es ecuatoriano.
> Los profesores son ecuatorianos.

3 Mis compañeros de clase Describe your classmates, using the cues. Repeat the correct response after the speaker.

> **modelo**
> You hear: María
> You see: alto
> You say: María es alta.

1. simpático
2. rubio
3. inteligente
4. pelirrojo y muy bonito
5. alto y moreno
6. delgado y trabajador
7. bajo y gordo
8. tonto

4 Completar Listen to the following description and write the missing words.

Mañana mis parientes llegan de Guayaquil. Son cinco personas: mi abuela Isabel, tío Carlos y tía Josefina, y mis primos Susana y Tomás. Mi prima es (1)_____ y (2)_____. Baila muy bien. Tomás es un niño (3)_____. Tío Carlos es (4)_____ y (5)_____. Tía Josefina es (6)_____ y (7)_____. Mi abuela es (8)_____ y muy (9)_____.

5 La familia Rivas Look at the photo of the Rivas family and listen to each statement. Indicate whether the statement is **cierto** or **falso**.

	Cierto	Falso
1.	○	○
2.	○	○
3.	○	○
4.	○	○
5.	○	○
6.	○	○
7.	○	○

3.2 Possessive adjectives

1 **Identificar** Listen to each statement and mark an **X** in the column for the possessive adjective you hear.

modelo
You hear: Es mi diccionario de español.
You mark: an **X** under **my**.

	my	your (familiar)	your (formal)	his/her	our	their
Modelo	X					
1.						
2.						
3.						
4.						
5.						
6.						
7.						
8.						

2 **Escoger** Listen to each question and choose the most logical response.

1. a. No, su hijastro no está aquí.
   b. Sí, tu hijastro está aquí.
2. a. No, nuestros abuelos son argentinos.
   b. Sí, sus abuelos son norteamericanos.
3. a. Sí, tu hijo trabaja ahora.
   b. Sí, mi hijo trabaja en la librería Goya.
4. a. Sus padres regresan hoy a las nueve.
   b. Mis padres regresan hoy a las nueve.
5. a. Nuestra hermana se llama Margarita.
   b. Su hermana se llama Margarita.
6. a. Tus plumas están en el escritorio.
   b. Sus plumas están en el escritorio.
7. a. No, mi sobrino es ingeniero.
   b. Sí, nuestro sobrino es programador.
8. a. Su horario es muy bueno.
   b. Nuestro horario es muy bueno.

3 **Preguntas** Answer each question you hear in the affirmative using the appropriate possessive adjective. Repeat the correct response after the speaker. (*7 items*)

modelo
¿Es tu lápiz?
Sí, es mi lápiz.

Nombre _____ Fecha _____

3.3 Present tense of -er and -ir verbs

1 Identificar Listen to each statement and mark an **X** in the column for the subject of the verb.

> **modelo**
> *You hear*: Corro con Dora mañana.
> *You mark*: an **X** under **yo**.

	yo	tú	él/ella	nosotros/as	ellos/ellas
Modelo	X				
1.					
2.					
3.					
4.					
5.					
6.					

2 Cambiar Listen to the following statements. Using the cues you hear, say that these people do the same activities. Repeat the correct answer after the speaker. (*8 items*)

> **modelo**
> Julia aprende francés. (mi amigo)
> Mi amigo también aprende francés.

3 Preguntas Answer each question you hear in the negative. Repeat the correct response after the speaker. (*8 items*)

> **modelo**
> ¿Viven ellos en una residencia estudiantil?
> No, ellos no viven en una residencia estudiantil.

4 Describir Listen to each statement and write the number of the statement below the drawing it describes.

a. _____   b. _____   c. _____   d. _____

Nombre _____ Fecha _____

3.4 Present tense of **tener** and **venir**

1 Cambiar Form a new sentence using the cue you hear as the subject. Repeat the correct answer after the speaker. (*6 items*)

> *modelo*
> Alicia viene a las seis. (David y Rita)
> David y Rita vienen a las seis.

2 Consejos (*Advice*) Some people are not doing what they should. Say what they have to do. Repeat the correct response after the speaker. (*6 items*)

> *modelo*
> Elena no trabaja.
> Elena tiene que trabajar.

3 Preguntas Answer each question you hear using the cue. Repeat the correct answer after the speaker.

> *modelo*
> ¿Tienen sueño los niños? (no)
> No, los niños no tienen sueño.

1. sí, (yo)   3. no, (nosotros)   5. sí, (mi abuela)   7. el domingo
2. Roberto   4. sí, dos, (yo)   6. mis tíos

4 Situaciones Listen to each situation and choose the appropriate **tener** expression. Each situation will be repeated.

1. a. Tienes sueño.   b. Tienes prisa.
2. a. Tienen mucho cuidado.   b. Tienen hambre.
3. a. Tenemos mucho calor.   b. Tenemos mucho frío.
4. a. Tengo sed.   b. Tengo hambre.
5. a. Ella tiene razón.   b. Ella no tiene razón.
6. a. Tengo miedo.   b. Tengo sueño.

5 Mi familia Listen to the following description. Then read the statements and decide whether they are **cierto** or **falso**.

	Cierto	Falso		Cierto	Falso
1. Francisco desea ser periodista.	○	○	4. Él tiene una familia pequeña.	○	○
2. Francisco tiene 20 años.	○	○	5. Su madre es inglesa.	○	○
3. Francisco vive con su familia.	○	○	6. Francisco tiene una hermana mayor.	○	○

vocabulario

You will now hear the vocabulary found in your textbook on the last page of this lesson. Listen and repeat each Spanish word or phrase after the speaker.

Nombre _____ Fecha _____

contextos

1 Lugares You will hear six people describe what they are doing. Choose the place that corresponds to the activity.

1. _____
2. _____
3. _____
4. _____
5. _____
6. _____

a. el museo
b. el café
c. la piscina
d. el cine
e. el estadio
f. las montañas
g. el parque
h. la biblioteca

2 Describir For each drawing, you will hear two statements. Choose the one that corresponds to the drawing.

1. a.   b.

2. a.   b.

3. a.   b.

4. a.   b.

3 Completar Listen to this description and write the missing words.

Chapultepec es un (1) _____ muy grande en el (2) _____ de la (3) _____ de México. Los (4) _____ muchas (5) _____ llegan a Chapultepec a pasear, descansar y practicar (6) _____ como (*like*) el (7) _____, el fútbol, el vóleibol y el (8) _____. Muchos turistas también (9) _____ por Chapultepec. Visitan los (10) _____ y el (11) _____ a los Niños Héroes.

Nombre _____ Fecha _____

pronunciación

Lección 4

Word stress and accent marks

Every Spanish syllable contains at least one vowel. When two vowels are joined in the same syllable, they form a diphthong. A monosyllable is a word formed by a single syllable.

    pe - **lí** - cu - la   e - di - fi - **cio**   ver   y**o**

The syllable of a Spanish word that is pronounced most emphatically is the "stressed" syllable.

    bi - blio - **te** - ca   vi - si - **tar**   **par** - que   **fút** - bol

Words that end in **n**, **s**, or a **vowel** are usually stressed on the next-to-last syllable.

    pe - **lo** - ta   pis - **ci** - na   **ra** - tos   **ha** - blan

If words that end in **n**, **s**, or a **vowel** are stressed on the last syllable, they must carry an accent mark on the stressed syllable.

    na - ta - **ción**   pa - **pá**   in - **glés**   Jo - **sé**

Words that do not end in **n**, **s**, or a **vowel** are usually stressed on the last syllable.

    bai - **lar**   es - pa - **ñol**   u - ni - ver - si - **dad**   tra - ba - ja - **dor**

If words that do not end in **n**, **s**, or a **vowel** are stressed on the next-to-last syllable, they must carry an accent mark on the stressed syllable.

    béis - bol   **lá** - piz   **ár** - bol   **Gó** - mez

1 **Práctica** Repeat each word after the speaker, stressing the correct syllable.

1. profesor
2. Puebla
3. ¿Cuántos?
4. Mazatlán
5. examen
6. ¿Cómo?
7. niños
8. Guadalajara
9. programador
10. México
11. están
12. geografía

2 **Conversación** Repeat the conversation after the speaker to practice word stress.

MARINA Hola, Carlos. ¿Qué tal?
CARLOS Bien. Oye, ¿a qué hora es el partido de fútbol?
MARINA Creo que es a las siete.
CARLOS ¿Quieres ir?
MARINA Lo siento, pero no puedo. Tengo que estudiar biología.

3 **Refranes** Repeat each saying after the speaker to practice word stress.

1. Quien ríe de último, ríe mejor.
2. En la unión está la fuerza.

4 **Dictado** You will hear six sentences. Each will be said twice. Listen carefully and write what you hear.

1. _____
2. _____
3. _____
4. _____
5. _____
6. _____

estructura

4.1 Present tense of **ir**

1 **Identificar** Listen to each sentence and mark an **X** in the column for the subject of the verb you hear.

modelo
You hear: Van a ver una película.
You mark: an **X** under **ellos/ellas**.

	yo	tú	él/ella	nosotros/as	ellos/ellas
Modelo					X
1.					
2.					
3.					
4.					
5.					
6.					

2 **Cambiar** Form a new sentence using the cue you hear as the subject. Repeat the correct answer after the speaker. (*8 items*)

modelo
Ustedes van al Museo Frida Kahlo. (yo)
Yo voy al Museo Frida Kahlo.

3 **Preguntas** Answer each question you hear using the cue. Repeat the correct response after the speaker.

modelo
You hear: ¿Quiénes van a la piscina?
You see: Gustavo y Elisa
You say: Gustavo y Elisa van a la piscina.

1. mis amigos
2. en el Café Tacuba
3. al partido de baloncesto
4. no
5. sí
6. pasear en bicicleta

4 **¡Vamos!** Listen to this conversation. Then read the statements and decide whether they are **cierto** or **falso**.

	Cierto	Falso
1. Claudia va a ir al gimnasio.	○	○
2. Claudia necesita comprar una mochila.	○	○
3. Sergio va a visitar a su tía.	○	○
4. Sergio va al gimnasio a las ocho de la noche.	○	○
5. Sergio va a ir al cine a las seis.	○	○
6. Claudia y Sergio van a ver una película.	○	○

4.2 Stem-changing verbs: e:ie, o:ue

1 Identificar Listen to each sentence and write the infinitive form of the verb you hear.

modelo
You hear: No entiendo el problema.
You write: entender

1. _____   4. _____   7. _____

2. _____   5. _____   8. _____

3. _____   6. _____

2 Preguntas Answer each question you hear using the cue. Repeat the correct response after the speaker.

modelo
You hear: ¿A qué hora comienza el partido?
You see: 2:15 p.m.
You say: El partido comienza a las dos y cuarto de la tarde.

1. el jueves, (nosotros)   3. sí   5. leer una revista, (yo)   7. a las tres, (nosotros)
2. no, (yo)   4. sí, (ustedes)   6. mirar la televisión   8. Samuel

3 Diversiones Look at these listings from the entertainment section in a newspaper. Then listen to the questions and write the answers.

23D

MÚSICA
Palacio de Bellas Artes
Ballet folclórico
Viernes 9, 8:30 p.m.

Bosque de Chapultepec
Concierto de música mexicana
Domingo 11, 1:00 p.m.

MUSEOS
Museo de Arte Moderno

Pinturas de José Clemente Orozco
De martes a domingo,
de 10:00 a.m. a 6:00 p.m.
Entrada libre

DEPORTES
Copa Internacional de Fútbol
México vs. Guatemala
Estadio Martín
Viernes 9, 8:30 p.m.

Campeonato de baloncesto
Los Universitarios vs. Los Toros
Gimnasio Municipal
Sábado 10, 7:30 p.m.

Torneo de Golf
con Lee Treviño
Club de Golf Atlas
Domingo 11, 9:00 a.m.

1. _____

2. _____

3. _____

4. _____

5. _____

4.3 Stem-changing verbs: e:i

1 Completar Listen to this radio broadcast and fill in the missing words.

Este fin de semana los excursionistas (*hikers*) (1) _____ más senderos (*trails*).

Dicen que ir de (2) _____ a las montañas es una (3) _____

muy popular y (4) _____ que (5) _____ más senderos. Si lo

(6) _____, la gente va a (7) _____ muy feliz. Si no, ustedes

pueden (8) _____ la historia aquí, en Radio Montaña.

2 Escoger Listen to each question and choose the most logical response.

1. a. Normalmente pido tacos.   b. Voy al restaurante los lunes.
2. a. Consigo novelas en la biblioteca.   b. Consigo revistas en el centro.
3. a. Repiten la película el sábado.   b. No deseo ver la película.
4. a. Sigue un programa de baloncesto.   b. No, prefiere bucear.
5. a. Nunca pido pizza.   b. Nunca pido perdón.
6. a. Prefiere visitar un monumento.   b. Prefiere buscar en la biblioteca.
7. a. ¿Quién fue el primer presidente?   b. A las cuatro de la tarde.
8. a. Sí, es muy interesante.   b. Sí, mi hermano juega.

3 Conversación Listen to the conversation and answer the questions.

1. ¿Qué quiere Paola?
   _____

2. ¿Por qué repite Paola las palabras?
   _____

3. ¿Hace Miguel el favor que pide Paola?
   _____

4. ¿Dónde puede conseguir la revista?
   _____

4.4 Verbs with irregular yo forms

1 Describir For each drawing, you will hear two statements. Choose the one that corresponds to the drawing.

1. a.   b.

2. a.   b.

3. a.   b.

4. a.   b.

2 Yo también Listen to the following statements about Roberto and respond by saying that you do the same things. Repeat the correct answer after the speaker. (*5 items*)

> **modelo**
> Roberto siempre (*always*) hace ejercicio (*exercise*).
> Yo también hago ejercicio.

3 Completar Listen to this telephone conversation and complete the statements.

1. Cristina ve _____.
2. Manuel y Ricardo quieren ir al parque para _____.
3. Manuel y Ricardo _____ las pelotas.
4. Manuel _____ la hora porque Cristina no _____.
5. Los chicos salen para el parque _____.

vocabulario

You will now hear the vocabulary found in your textbook on the last page of this lesson. Listen and repeat each Spanish word or phrase after the speaker.

Nombre _____ Fecha _____

contextos

1 Identificar You will hear a series of words. Write the word that does not belong in each series.

1. _____   5. _____
2. _____   6. _____
3. _____   7. _____
4. _____   8. _____

2 Describir For each drawing, you will hear two statements. Choose the one that corresponds to the drawing.

1. a.   b.   2. a.   b.   3. a.   b.

3 En la agencia de viajes Listen to this conversation between Mr. Vega and a travel agent. Then read the statements and decide whether they are **cierto** or **falso**.

	Cierto	Falso
1. El señor Vega quiere esquiar, pescar y bucear.	○	○
2. El señor Vega va a Puerto Rico.	○	○
3. El señor Vega quiere ir de vacaciones la primera semana de mayo.	○	○
4. Una habitación en Las Tres Palmas cuesta (*costs*) $85.	○	○
5. El hotel tiene restaurante, piscina y *jacuzzi*.		○

4 Escoger Listen to each statement and choose the most appropriate activity for that weather condition.

1. a. Vamos a ir a la piscina.   b. Vamos a poner la televisión.
2. a. Voy a escribir una carta.   b. Voy a bucear.
3. a. Vamos al museo.   b. Vamos a tomar el sol.
4. a. Mañana voy a pasear en bicicleta. b. Mañana voy a esquiar.
5. a. Queremos ir al cine.   b. Queremos nadar.
6. a. Voy a correr en el parque.   b. Voy a leer un libro.
7. a. Quiero escuchar música.   b. Quiero jugar al golf.

Nombre _____   Fecha _____

pronunciación   Lección 5

Spanish **b** and **v**

There is no difference in pronunciation between the Spanish letters **b** and **v**. However, each letter can be pronounced two different ways, depending on which letters appear next to them.

    bueno   **v**όlei**b**ol   **b**i**b**lioteca   **v**i**v**ir

B and **v** are pronounced like the English hard **b** when they appear either as the first letter of a word, at the beginning of a phrase, or after **m** or **n**.

    bonito   **v**iajar   tam**b**ién   in**v**estigar

In all other positions, **b** and **v** have a softer pronunciation, which has no equivalent in English. Unlike the hard **b**, which is produced by tightly closing the lips and stopping the flow of air, the soft **b** is produced by keeping the lips slightly open.

    de**b**er   no**v**io   a**b**ril   cer**v**eza

In both pronunciations, there is no difference in sound between **b** and **v**. The English **v** sound, produced by friction between the upper teeth and lower lip, does not exist in Spanish. Instead, the soft **b** comes from friction between the two lips.

    bola   **v**ela   Cari**b**e   decli**v**e

When **b** or **v** begins a word, its pronunciation depends on the previous word. At the beginning of a phrase or after a word that ends in **m** or **n**, it is pronounced as a hard **b**.

    Verónica y su esposo cantan ‿**b**oleros.

Words that begin with **b** or **v** are pronounced with a soft **b** if they appear immediately after a word that ends in a vowel or any consonant other than **m** or **n**.

    Benito es de ‿**B**oquerón, pero ‿**v**ive en ‿**V**ictoria.

---

1 Práctica Repeat these words after the speaker to practice the **b** and the **v**.

1. hablamos   4. van   7. doble   10. nublado
2. trabajar   5. contabilidad   8. novia   11. llave
3. botones   6. bien   9. béisbol   12. invierno

---

2 Oraciones When you hear the number, read the corresponding sentence aloud, focusing on the **b** and **v** sounds. Then listen to the speaker and repeat the sentence.

1. Vamos a Guaynabo en autobús.
2. Voy de vacaciones a la Isla Culebra.
3. Tengo una habitación individual en el octavo piso.
4. Víctor y Eva van por avión al Caribe.
5. La planta baja es bonita también.
6. ¿Qué vamos a ver en Bayamón?
7. Beatriz, la novia de Víctor, es de Arecibo, Puerto Rico.

---

3 Refranes Repeat each saying after the speaker to practice the **b** and the **v**.

1. No hay mal que por bien no venga.   2. Hombre prevenido vale por dos.

---

4 Dictado You will hear four sentences. Each will be said twice. Listen carefully and write what you hear.

1. _____
2. _____
3. _____
4. _____

estructura

5.1 Estar with conditions and emotions

1 Describir For each drawing, you will hear two statements. Choose the one that corresponds to the drawing.

1. a.   b.

2. a.   b.

3. a.   b.

4. a.   b.

2 Cambiar Form a new sentence using the cue you hear as the subject. Repeat the correct answer after the speaker. (*8 items*)

modelo
Rubén está enojado con Patricia. (mamá)
Mamá está enojada con Patricia.

3 Preguntas Answer each question you hear using the cues. Repeat the correct response after the speaker.

modelo
You hear: ¿Está triste Tomás?
You see: no / contento/a
You say: No, Tomás está contento.

1. no / abierto/a
2. sí, (nosotros)
3. su hermano
4. no / ordenado/a
5. no / sucio/a
6. estar de vacaciones, (yo)

4 Situaciones You will hear four brief conversations. Choose the statement that expresses how the people feel in each situation.

1. a. Ricardo está nervioso.   b. Ricardo está cansado.
2. a. La señora Fuentes está contenta.   b. La señora Fuentes está preocupada.
3. a. Eugenio está aburrido.   b. Eugenio está avergonzado.
4. a. Rosario y Alonso están equivocados.   b. Rosario y Alonso están enojados.

Nombre _____ Fecha _____

5.2 The present progressive

1 **Escoger** Listen to what these people are doing. Then read the statements and choose the appropriate description.

1. a. Es profesor.   b. Es estudiante.
2. a. Es botones.   b. Es inspector de aduanas.
3. a. Eres artista.   b. Eres huésped.
4. a. Son jugadoras de fútbol.   b. Son programadoras.
5. a. Es ingeniero.   b. Es botones.
6. a. Somos turistas.   b. Somos empleados.

2 **Transformar** Change each sentence from the present tense to the present progressive. Repeat the correct answer after the speaker. (6 items)

> **modelo**
> Adriana confirma su reservación.
> Adriana está confirmando su reservación.

3 **Preguntas** Answer each question you hear using the cue and the present progressive. Repeat the correct response after the speaker.

> **modelo**
> You hear: ¿Qué hacen ellos?
> You see: jugar a las cartas
> You say: Ellos están jugando a las cartas.

1. hacer las maletas   3. dormir   5. hablar con el botones
2. pescar en el mar   4. correr en el parque 6. comer en el café

4 **Describir** You will hear some questions. Look at the drawing and respond to each question. Repeat the correct answer after the speaker. (6 items)

Lección 5 Audio Activities

5.3 Ser and estar

1 **Escoger** You will hear some questions with a beep in place of the verb. Decide which form of **ser** or **estar** should complete each question and circle it.

> **modelo**
> You hear: ¿Cómo (beep)?
> You circle: **estás** because the question is **¿Cómo estás?**

1. es   está   4. Es   Está
2. Son   Están   5. Es   Está
3. Es   Está   6. Es   Está

2 **¿Cómo es?** You just met Rosa Beltrán at a party. Describe her to a friend by using **ser** or **estar** with the cues you hear. Repeat the correct response after the speaker. (6 items)

> **modelo**
> muy amable
> Rosa es muy amable.

3 **¿Ser o estar?** You will hear the subject of a sentence. Complete the sentence using a form of **ser** or **estar** and the cue. Repeat the correct response after the speaker.

> **modelo**
> You hear: Papá
> You see: en San Juan
> You say: Papá está en San Juan.

1. inspector de aduanas   3. a las diez   5. el 14 de febrero
2. la estación del tren   4. ocupados   6. corriendo a clase

4 **¿Lógico o no?** You will hear some statements. Decide if they are **lógico** or **ilógico**.

1. Lógico   Ilógico   4. Lógico   Ilógico
2. Lógico   Ilógico   5. Lógico   Ilógico
3. Lógico   Ilógico   6. Lógico   Ilógico

5 **Ponce** Listen to Carolina's description of her vacation and answer the questions.

1. ¿Dónde está Ponce?

2. ¿Qué tiempo está haciendo?

3. ¿Qué es el Parque de Bombas?

4. ¿Que día es hoy?

5. ¿Por qué no va Carolina al Parque de Bombas hoy?

5.4 Direct object nouns and pronouns

1 Escoger Listen to each question and choose the most logical response.

1. a. Sí, voy a comprarlo.
   b. No, no voy a comprarla.
2. a. Joaquín lo tiene.
   b. Joaquín la tiene.
3. a. Sí, los puedo llevar.
   b. No, no te puedo llevar.
4. a. Irene los tiene.
   b. Irene las tiene.
5. a. Sí, te llevamos al partido.
   b. Sí, nos llevas al partido.
6. a. No, vamos a hacerlo mañana.
   b. No, vamos a hacerla mañana.
7. a. Va a conseguirlos mañana.
   b. Va a conseguirlas mañana.
8. a. Pienso visitarla el fin de semana.
   b. Pienso visitarte el fin de semana.

2 Cambiar Restate each sentence you hear using a direct object pronoun. Repeat the correct answer after the speaker. (*6 items*)

> *modelo*
> Isabel está mirando la televisión.
> Isabel está mirándola.

Isabel está mirando la televisión.

3 No veo nada You just broke your glasses and now you can't see anything. Respond to each statement using a direct object pronoun. Repeat the correct answer after the speaker. (*6 items*)

> *modelo*
> Allí está el Museo de Arte e Historia.
> ¿Dónde? No lo veo.

4 Preguntas Answer each question you hear in the negative. Repeat the correct response after the speaker. (*6 items*)

> *modelo*
> ¿Haces tu maleta?
> No, no la hago.

vocabulario

You will now hear the vocabulary found in your textbook on the last page of this lesson. Listen and repeat each Spanish word or phrase after the speaker.

Nombre _____ Fecha _____

contextos

1 **¿Lógico o ilógico?** Listen to each statement and indicate if it is **lógico** or **ilógico**.

1. Lógico   Ilógico   5. Lógico   Ilógico
2. Lógico   Ilógico   6. Lógico   Ilógico
3. Lógico   Ilógico   7. Lógico   Ilógico
4. Lógico   Ilógico   8. Lógico   Ilógico

2 **Escoger** Listen as each person talks about the clothing he or she needs to buy. Then choose the activity for which the clothing would be appropriate.

1. a. ir a la playa   b. ir al cine
2. a. jugar al golf   b. buscar trabajo (*work*)
3. a. salir a bailar   b. ir a las montañas
4. a. montar a caballo   b. jugar a las cartas
5. a. jugar al vóleibol   b. comer en un restaurante elegante
6. a. hacer un viaje   b. patinar en línea

3 **Preguntas** Respond to each question saying that the opposite is true. Repeat the correct answer after the speaker. (*6 items*)

> **modelo**
> Las sandalias cuestan mucho, ¿no?
> No, las sandalias cuestan poco.

4 **Describir** You will hear some questions. Look at the drawing and write the answer to each question.

1. _____
2. _____
3. _____
4. _____

Lección 6 Audio Activities   **135**

Nombre _____ Fecha _____

pronunciación Lección 6

The consonants **d** and **t**

Like **b** and **v**, the Spanish **d** can have a hard sound or a soft sound, depending on which letters appear next to it.

¿**D**ónde?   ven**d**er   na**d**ar   ver**d**a**d**

At the beginning of a phrase and after **n** or **l**, the letter **d** is pronounced with a hard sound. This sound is similar to the English *d* in *dog*, but a little softer and duller. The tongue should touch the back of the upper teeth, not the roof of the mouth.

Don   **d**inero   tien**d**a   fal**d**a

In all other positions, **d** has a soft sound. It is similar to the English *th* in *there*, but a little softer.

me**d**ias   ver**d**e   vesti**d**o   huéspe**d**

When **d** begins a word, its pronunciation depends on the previous word. At the beginning of a phrase or after a word that ends in **n** or **l**, it is pronounced as a hard **d**.

Don **D**iego no tiene el **d**iccionario.

Words that begin with **d** are pronounced with a soft **d** if they appear immediately after a word that ends in a vowel or any consonant other than **n** or **l**.

Doña **D**olores es **d**e la capital.

When pronouncing the Spanish **t**, the tongue should touch the back of the upper teeth, not the roof of the mouth. In contrast to the English *t*, no air is expelled from the mouth.

traje   pan**t**alones   **t**arje**t**a   **t**ienda

1 Práctica Repeat each phrase after the speaker to practice the **d** and the **t**.

1. Hasta pronto.
2. De nada.
3. Mucho gusto.
4. Lo siento.
5. No hay de qué.
6. ¿De dónde es usted?
7. ¡Todos a bordo!
8. No puedo.
9. Es estupendo.
10. No tengo computadora.
11. ¿Cuándo vienen?
12. Son las tres y media.

2 Oraciones When you hear the number, read the corresponding sentence aloud, focusing on the **d** and **t** sounds. Then listen to the speaker and repeat the sentence.

1. Don Teodoro tiene una tienda en un almacén en La Habana.
2. Don Teodoro vende muchos trajes, vestidos y zapatos todos los días.
3. Un día un turista, Federico Machado, entra en la tienda para comprar un par de botas.
4. Federico regatea con don Teodoro y compra las botas y también un par de sandalias.

3 Refranes Repeat each saying after the speaker to practice the **d** and the **t**.

1. En la variedad está el gusto.
2. Aunque la mona se vista de seda, mona se queda.

4 Dictado You will hear four sentences. Each will be said twice. Listen carefully and write what you hear.

1. _____
2. _____
3. _____
4. _____

Nombre _____ Fecha _____

estructura

6.1 Saber and conocer

1 **¿Saber o conocer?** You will hear some sentences with a beep in place of the verb. Decide which form of **saber** or **conocer** should complete each sentence and circle it.

> **modelo**
> You hear: (Beep) cantar.
> You circle: **Sé** because the sentence is **Sé cantar**.

1. Sé   Conozco   3. Sabemos   Conocemos   5. Sabes   Conoces
2. Saben   Conocen   4. Sé   Conozco   6. Sabes   Conoces

2 **Cambiar** Listen to the following statements and say that you do the same activities. Repeat the correct answer after the speaker. (5 items)

> **modelo**
> Julia sabe nadar.
> Yo también sé nadar.

3 **Preguntas** Answer each question using the cue you hear. Repeat the correct response after the speaker. (6 items)

> **modelo**
> ¿Conocen tus padres Antigua? (Sí)
> Sí, mis padres conocen Antigua.

4 **Mi compañera de cuarto** Listen as Jennifer describes her roommate. Then read the statements and decide whether they are **cierto** or **falso**.

	Cierto	Falso
1. Jennifer conoció (met) a Laura en la escuela primaria.	○	○
2. Laura sabe hacer muchas cosas.	○	○
3. Laura sabe hablar alemán.	○	○
4. Laura sabe buscar gangas.	○	○
5. Laura sabe patinar en línea.	○	○
6. Laura conoce a algunos muchachos simpáticos.	○	○

5 **De compras** Listen to this conversation between Carmen and Rosalía. Then choose the correct answers to the questions.

1. ¿Cuál es el problema de Carmen cuando va de compras?
   a. Siempre encuentra gangas.   b. Nunca encuentra ofertas.
2. ¿Conoce Carmen el nuevo centro comercial?
   a. No lo conoce, pero sabe dónde está.   b. Ni lo conoce ni sabe dónde está.
3. ¿Qué quiere comprar Rosalía en el centro comercial?
   a. Quiere comprar zapatos.   b. Quiere comprar una camiseta.
4. ¿Cuándo van Carmen y Rosalía de compras?
   a. Mañana antes del trabajo.   b. Mañana después del trabajo.

6.2 Indirect object pronouns

1 Escoger Listen to each question and choose the most logical response.

1. a. Sí, le muestro el abrigo.
   b. Sí, me muestra el abrigo.
2. a. No, no le presto el suéter azul.
   b. No, no te presto el suéter azul.
3. a. Voy a comprarles ropa interior.
   b. Vamos a comprarle ropa interior.
4. a. Sí, nos dan las nuevas sandalias.
   b. Sí, me dan las nuevas sandalias.
5. a. Nos cuestan veinte dólares.
   b. Les cuestan veinte dólares.
6. a. Sí, nos trae un sombrero.
   b. Sí, te traigo un sombrero.

2 Transformar Cecilia is shopping. Say for whom she buys these items using indirect object pronouns. Repeat the correct answer after the speaker. (*6 items*)

> **modelo**
> Cecilia compra una bolsa para Dora.
> *Cecilia le compra una bolsa.*

3 Preguntas Answer each question you hear using the cue. Repeat the correct response after the speaker.

> **modelo**
> You hear: ¿Quién está esperándote?
> You see: Mauricio
> You say: *Mauricio está esperándome.*

1. sí
2. $50,00
3. no
4. su traje nuevo
5. Antonio
6. bluejeans

4 En el centro comercial Listen to this conversation and answer the questions.

1. ¿Quién es Gustavo?

2. ¿Qué está haciendo Gustavo?

3. ¿Qué le pregunta Gustavo a José?

4. ¿Por qué le presta dinero José?

5. ¿Cuándo va a regalarle (*to give*) la falda a Norma?

Nombre _____ Fecha _____

6.3 Preterite tense of regular verbs

1 **Identificar** Listen to each sentence and decide whether the verb is in the present or the preterite tense. Mark an **X** in the appropriate column.

> **modelo**
> *You hear:* Alejandro llevó un suéter marrón.
> *You mark:* an **X** under **Preterite**.

	Present	Preterite
Modelo		X
1.		
2.		
3.		
4.		
5.		
6.		
7.		
8.		

2 **Cambiar** Change each sentence from the present to the preterite. Repeat the correct answer after the speaker. (*8 items*)

> **modelo**
> Compro unas sandalias baratas.
> Compré unas sandalias baratas.

3 **Preguntas** Answer each question you hear using the cue. Repeat the correct response after the speaker.

> **modelo**
> *You hear:* ¿Dónde conseguiste tus botas?
> *You see:* en la tienda Lacayo
> *You say:* Conseguí mis botas en la tienda Lacayo.

1. $26,00   2. ayer   3. Marta   4. no   5. no   6. no

4 **¿Estás listo?** Listen to this conversation between Matilde and Hernán. Make a list of the tasks Hernán has already done in preparation for his trip and a list of the tasks he still needs to do.

Tareas completadas	Tareas que necesita hacer

6.4 Demonstrative adjectives and pronouns

1   En el mercado A group of tourists is shopping at an open-air market. Listen to what they say, and mark an **X** in the column for the demonstrative adjective you hear.

modelo
You hear: Me gusta mucho esa bolsa.
You mark: an **X** under **that**.

	this	that	these	those
Modelo		X		
1.				
2.				
3.				
4.				

2   Cambiar Form a new sentence using the cue you hear. Repeat the correct answer after the speaker. (6 *items*)

modelo
Quiero este suéter. (chaqueta)
Quiero esta chaqueta.

3   Transformar Form a new sentence using the cue you hear. Repeat the correct answer after the speaker. (6 *items*)

modelo
Aquel abrigo es muy hermoso. (corbatas)
Aquellas corbatas son muy hermosas.

4   Preguntas Answer each question you hear in the negative using a form of the demonstrative pronoun **ése**. Repeat the correct response after the speaker. (8 *items*)

modelo
¿Quieres esta blusa?
No, no quiero ésa.

5   De compras Listen to this conversation. Then read the statements and decide whether they are **cierto** or **falso**.

	Cierto	Falso
1. Flor quiere ir al almacén Don Guapo.	○	○
2. Enrique trabaja en el almacén Don Guapo.	○	○
3. El centro comercial está lejos de los chicos.	○	○
4. Van al almacén que está al lado del Hotel Plaza.	○	○

vocabulario

You will now hear the vocabulary found in your textbook on the last page of this lesson. Listen and repeat each Spanish word or phrase after the speaker.

Nombre _____ Fecha _____

contextos

1 **Describir** For each drawing, you will hear two statements. Choose the one that corresponds to the drawing.

1. a.   b.

2. a.   b.

3. a.   b.

4. a.   b.

2 **Preguntas** Clara is going to baby-sit your nephew. Answer her questions about your nephew's daily routine using the cues. Repeat the correct response after the speaker.

> **modelo**
> You hear: ¿A qué hora va a la escuela?
> You see: 8:30 a.m.
> You say: Va a la escuela a las ocho y media de la mañana.

1. 7:00 a.m.
2. se lava la cara
3. por la noche
4. champú para niños
5. 9:00 p.m.
6. después de comer

3 **Entrevista** Listen to this interview. Then read the statements and decide whether they are **cierto** or **falso**.

	Cierto	Falso
1. Sergio Santos es jugador de fútbol.	○	○
2. Sergio se levanta a las 5:00 a.m.	○	○
3. Sergio se ducha por la mañana y por la noche.	○	○
4. Sergio se acuesta a las 11:00 p.m.	○	○

pronunciación

Lección 7

The consonant r

In Spanish, **r** has a strong trilled sound at the beginning of a word. No English words have a trill, but English speakers often produce a trill when they imitate the sound of a motor.

    ropa   rutina   rico   **R**amón

In any other position, **r** has a weak sound similar to the English *tt* in *better* or the English *dd* in *ladder*. In contrast to English, the tongue touches the roof of the mouth behind the teeth.

    gustar   durante   primero   crema

The letter combination **rr**, which only appears between vowels, always has a strong trilled sound.

    pizarra   corro   marrón   aburrido

Between vowels, the difference between the strong trilled **rr** and the weak **r** is very important, as a mispronunciation could lead to confusion between two different words.

    caro   carro   pero   perro

1 **Práctica** Repeat each word after the speaker to practice the **r** and the **rr**.

1. Perú
2. Rosa
3. borrador
4. madre
5. comprar
6. favor
7. rubio
8. reloj
9. Arequipa
10. tarde
11. cerrar
12. despertador

2 **Oraciones** When you hear the number, read the corresponding sentence aloud, focusing on the **r** and **rr** sounds. Then listen to the speaker and repeat the sentence.

1. Ramón Robles Ruiz es programador. Su esposa Rosaura es artista.
2. A Rosaura Robles le encanta regatear en el mercado.
3. Ramón nunca regatea... le aburre regatear.
4. Rosaura siempre compra cosas baratas.
5. Ramón no es rico, pero prefiere comprar cosas muy caras.
6. ¡El martes Ramón compró un carro nuevo!

3 **Refranes** Repeat each saying after the speaker to practice the **r** and the **rr**.

1. Perro que ladra no muerde.
2. No se ganó Zamora en una hora.

4 **Dictado** You will hear seven sentences. Each will be said twice. Listen carefully and write what you hear.

1. _____
2. _____
3. _____
4. _____
5. _____
6. _____
7. _____

estructura

7.1 Reflexive verbs

1 Describir For each drawing, you will hear two statements. Choose the one that corresponds to the drawing.

1. a.   b.   2. a.   b.

3. a.   b.   4. a.   b.

2 Preguntas Answer each question you hear in the affirmative. Repeat the correct response after the speaker. (*7 items*)

modelo
¿Se levantó temprano Rosa?
Sí, Rosa se levantó temprano.

3 ¡Esto fue el colmo! (*The last straw!*) Listen as Julia describes what happened in her dorm yesterday. Then choose the correct ending for each statement.

1. Julia se ducha en cinco minutos porque...
   a. siempre se levanta tarde.　　b. las chicas de su piso comparten un cuarto de baño.
2. Ayer la chica nueva...
   a. se quedó dos horas en el baño.　　b. se preocupó por Julia.
3. Cuando salió, la chica nueva...
   a. se enojó mucho.　　b. se sintió (*felt*) avergonzada.

7.2 Indefinite and negative words

1 **¿Lógico o ilógico?** You will hear some questions and the responses. Decide if they are **lógico** or **ilógico**.

	Lógico	Ilógico		Lógico	Ilógico
1.	○	○	5.	○	○
2.	○	○	6.	○	○
3.	○	○	7.	○	○
4.	○	○	8.	○	○

2 **¿Pero o sino?** You will hear some sentences with a beep in place of a word. Decide if **pero** or **sino** should complete each sentence and circle it.

> **modelo**
> You hear: Ellos no viven en Lima, (*beep*) en Arequipa.
> You circle: **sino** because the sentence is **Ellos no viven en Lima, sino en Arequipa.**

1. pero   sino
2. pero   sino
3. pero   sino
4. pero   sino
5. pero   sino
6. pero   sino
7. pero   sino
8. pero   sino

3 **Transformar** Change each sentence you hear to say the opposite is true. Repeat the correct answer after the speaker. (*5 items*)

> **modelo**
> Nadie se ducha ahora.
> Alguien se ducha ahora.

4 **Preguntas** Answer each question you hear in the negative. Repeat the correct response after the speaker. (*6 items*)

> **modelo**
> ¿Qué estás haciendo?
> No estoy haciendo nada.

5 **Entre amigos** Listen to this conversation between Felipe and Mercedes. Then decide whether the statements are **cierto** or **falso**.

	Cierto	Falso
1. No hay nadie en la residencia.	○	○
2. Mercedes quiere ir al Centro Estudiantil.	○	○
3. Felipe tiene un amigo peruano.	○	○
4. Mercedes no visitó ni Machu Picchu ni Cuzco.	○	○
5. Felipe nunca visitó Perú.	○	○

Nombre _____ Fecha _____

7.3 Preterite of **ser** and **ir**

1 **Escoger** Listen to each sentence and indicate whether the verb is a form of **ser** or **ir**.

1. ser   ir   5. ser   ir
2. ser   ir   6. ser   ir
3. ser   ir   7. ser   ir
4. ser   ir   8. ser   ir

2 **Cambiar** Change each sentence from the present to the preterite. Repeat the correct answer after the speaker. (*8 items*)

> modelo
> Ustedes van en avión.
> Ustedes fueron en avión.

3 **Preguntas** Answer each question you hear using the cue. Repeat the correct response after the speaker.

> modelo
> *You hear:* ¿Quién fue tu profesor de química?
> *You see:* el señor Ortega
> *You say:* El señor Ortega fue mi profesor de química.

1. al mercado al aire libre   4. fabulosa
2. muy buenas   5. al parque
3. no   6. difícil

4 **¿Qué hicieron (*did they do*) anoche?** Listen to this telephone conversation and answer the questions.

1. ¿Adónde fue Carlos anoche?

_____

2. ¿Cómo fue el partido? ¿Por qué?

_____

3. ¿Adónde fueron Katarina y Esteban anoche?

_____

4. Y Esteban, ¿qué hizo (*did he do*) allí?

_____

Lección 7 Audio Activities   145

Nombre _____ Fecha _____

7.4 Verbs like **gustar**

1 **Escoger** Listen to each question and choose the most logical response.

1. a. Sí, me gusta.   b. Sí, te gusta.
2. a. No, no le interesa.   b. No, no le interesan.
3. a. Sí, les molestan mucho. b. No, no les molesta mucho.
4. a. No, no nos importa.   b. No, no les importa.
5. a. Sí, le falta.   b. Sí, me falta.
6. a. Sí, les fascina.   b. No, no les fascinan.

2 **Cambiar** Form a new sentence using the cue you hear. Repeat the correct answer after the speaker. (*6 items*)

modelo
A ellos les interesan las ciencias. (a Ricardo)
A Ricardo le interesan las ciencias.

3 **Preguntas** Answer each question you hear using the cue. Repeat the correct response after the speaker.

modelo
You hear: ¿Qué te encanta hacer?
You see: patinar en línea
You say: Me encanta patinar en línea.

1. la familia y los amigos   4. $2,00   7. no / nada
2. sí   5. el baloncesto y el béisbol   8. sí
3. las computadoras   6. no

4 **Preferencias** Listen to this conversation. Then fill in the chart with Eduardo's preferences and answer the question.

Le gusta	No le gusta

¿Qué van a hacer los chicos esta tarde? _____

vocabulario

You will now hear the vocabulary found in your textbook on the last page of this lesson. Listen and repeat each Spanish word or phrase after the speaker.

Nombre _____ Fecha _____

contextos

Lección 8

1 Identificar Listen to each question and mark an **X** in the appropriate category.

> *modelo*
> You hear: ¿Qué es la piña?
> You mark: an **X** under **fruta**.

	carne	pescado	verdura	fruta	bebida
Modelo				X	
1.					
2.					
3.					
4.					
5.					
6.					
7.					
8.					

2 Describir Listen to each sentence and write the number of the sentence below the drawing of the food or drink mentioned.

a. _____   b. _____   c. _____   d. _____

e. _____   f. _____   g. _____   h. _____

i. _____   j. _____

3 En el restaurante You will hear a couple ordering a meal in a restaurant. Write the items they order in the appropriate categories.

	SEÑORA	SEÑOR
Primer plato		
Plato principal		
Bebida		

pronunciación

Lección 8

ll, ñ, c, and z

Most Spanish speakers pronounce **ll** like the *y* in *yes*.

    po**ll**o   **ll**ave   e**ll**a   cebo**ll**a

The letter **ñ** is pronounced much like the *ny* in *canyon*.

    ma**ñ**ana   se**ñ**or   ba**ñ**o   ni**ñ**a

Before **a**, **o**, or **u**, the Spanish **c** is pronounced like the *c* in *car*.

    café   **c**olombiano   **c**uando   ri**c**o

Before **e** or **i**, the Spanish **c** is pronounced like the *s* in *sit*. In parts of Spain, **c** before **e** or **i** is pronounced like the *th* in *think*.

    cereales   deli**c**ioso   condu**c**ir   cono**c**er

The Spanish **z** is pronounced like the *s* in *sit*. In parts of Spain, **z** is pronounced like the *th* in *think*.

    zeta   **z**anahoria   almuer**z**o   cerve**z**a

1 **Práctica** Repeat each word after the speaker to practice pronouncing **ll**, **ñ**, **c**, and **z**.

1. mantequilla
2. cuñado
3. aceite
4. manzana
5. español
6. cepillo
7. zapato
8. azúcar
9. quince
10. compañera
11. almorzar
12. calle

2 **Oraciones** When the speaker pauses, repeat the corresponding sentence or phrase, focusing on **ll**, **ñ**, **c**, and **z**.

1. Mi compañero de cuarto se llama Toño Núñez. Su familia es de la Ciudad de Guatemala y de Quetzaltenango.
2. Dice que la comida de su mamá es deliciosa, especialmente su pollo al champiñón y sus tortillas de maíz.
3. Creo que Toño tiene razón porque hoy cené en su casa y quiero volver mañana para cenar allí otra vez.

3 **Refranes** Repeat each saying after the speaker to practice pronouncing **ll**, **ñ**, **c**, and **z**.

1. Las apariencias engañan.
2. Panza llena, corazón contento.

4 **Dictado** You will hear five sentences. Each will be said twice. Listen carefully and write what you hear.

1. _____
2. _____
3. _____
4. _____
5. _____

Nombre _____ Fecha _____

estructura

8.1 Preterite of stem-changing verbs

1 Identificar Listen to each sentence and decide whether the verb is in the present or the preterite tense. Mark an **X** in the appropriate column.

modelo
You hear: Pido bistec con papas fritas.
You mark: an **X** under *Present*.

	Present	Preterite
Modelo	X	
1.		
2.		
3.		
4.		
5.		
6.		
7.		
8.		

2 Cambiar Change each sentence you hear substituting the new subject given. Repeat the correct response after the speaker. (*6 items*)

modelo
Tú no dormiste bien anoche. (los niños)
Los niños no durmieron bien anoche.

3 Preguntas Answer each question you hear using the cue. Repeat the correct response after the speaker.

modelo
You hear: ¿Qué pediste?
You see: pavo asado con papas y arvejas
You say: Pedí pavo asado con papas y arvejas.

1. Sí
2. No
3. leche
4. Sí
5. No
6. la semana pasada

4 Un día largo Listen as Ernesto describes what he did yesterday. Then read the statements and decide whether they are **cierto** or **falso**.

		Cierto	Falso
1.	Ernesto se levantó a las seis y media de la mañana.	○	○
2.	Se bañó y se vistió en poco tiempo.	○	○
3.	Los clientes empezaron a llegar a la una.	○	○
4.	Almorzó temprano.	○	○
5.	Pidió pollo asado con papas.	○	○
6.	Después de almorzar, Ernesto y su primo siguieron trabajando.	○	○

8.2 Double object pronouns

1 Escoger The manager of El Gran Pavo Restaurant wants to know what items the chef is going to serve to the customers today. Listen to each question and choose the correct response.

> **modelo**
> You hear: ¿Les vas a servir sopa a los clientes?
> You read: a. Sí, se la voy a servir.   b. No, no se lo voy a servir.
> You mark: **a** because it refers to **la sopa**.

1. a. Sí, se las voy a servir.   b. No, no se los voy a servir.
2. a. Sí, se la voy a servir.   b. No, no se lo voy a servir.
3. a. Sí, se los voy a servir.   b. No, no se las voy a servir.
4. a. Sí, se los voy a servir.   b. No, no se las voy a servir.
5. a. Sí, se la voy a servir.   b. No, no se lo voy a servir.
6. a. Sí, se lo voy a servir.   b. No, no se la voy a servir.

2 Cambiar Repeat each statement, replacing the direct object noun with a pronoun. (6 items)

> **modelo**
> María te hace ensalada.
> María te la hace.

3 Preguntas Answer each question using the cue you hear and object pronouns. Repeat the correct response after the speaker. (5 items)

> **modelo**
> ¿Me recomienda usted los mariscos? (sí)
> Sí, se los recomiendo.

4 Una fiesta Listen to this conversation between Eva and Marcela. Then read the statements and decide whether they are **cierto** or **falso**.

	Cierto	Falso
1. Le van a hacer una fiesta a Sebastián.	○	○
2. Le van a preparar langosta.	○	○
3. Le van a preparar una ensalada de mariscos.	○	○
4. Van a tener vino tinto, cerveza, agua mineral y té helado.	○	○
5. Clara va a comprar cerveza.	○	○
6. Le compraron un cinturón.	○	○

Nombre _____ Fecha _____

8.3 Comparisons

1 **Escoger** You will hear a series of descriptions. Choose the statement that expresses the correct comparison.

1. a. Yo tengo más dinero que Rafael.
   b. Yo tengo menos dinero que Rafael.
2. a. Elena es mayor que Juan.
   b. Elena es menor que Juan.
3. a. Enrique come más hamburguesas que José.
   b. Enrique come tantas hamburguesas como José.
4. a. La comida de la Fonda es mejor que la comida del Café Condesa.
   b. La comida de la Fonda es peor que la comida del Café Condesa.
5. a. Las langostas cuestan tanto como los camarones.
   b. Los camarones cuestan menos que las langostas.

2 **Comparar** Look at each drawing and answer the question you hear with a comparative statement. Repeat the correct response after the speaker.

1. Ricardo   Sara

2. Héctor   Alejandro

3. Leonor   Melissa

3 **Al contrario** You are babysitting Anita, a small child, who starts boasting about herself and her family. Respond to each statement using a comparative of equality. Then repeat the correct answer after the speaker. (*6 items*)

> **modelo**
> Mi mamá es más bonita que tu mamá.
> Al contrario, mi mamá es tan bonita como tu mamá.

8.4 Superlatives

1 **Superlativos** You will hear a series of descriptions. Choose the statement that expresses the correct superlative.

1. a. Tus pantalones no son los más grandes de la tienda.
   b. Tus pantalones son los más grandes de la tienda.
2. a. La camisa blanca es la más bonita del centro comercial.
   b. La camisa blanca no es tan bonita como otras camisas de la tienda.
3. a. Las rebajas del centro comercial son peores que las rebajas de la tienda.
   b. En el centro comercial puedes encontrar las mejores rebajas.
4. a. El vestido azul es el más caro de la tienda.
   b. El vestido azul es el más barato de la tienda.
5. a. Sebastián es el mejor vendedor de la tienda.
   b. Sebastián es el peor vendedor de la tienda.

2 **Preguntas** Answer each question you hear using the absolute superlative. Repeat the correct response after the speaker. (*6 items*)

> **modelo**
> La comida de la cafetería es mala, ¿no?
> Sí, es malísima.

3 **Anuncio** Listen to this advertisement. Then read the statements and decide whether they are **cierto** or **falso**.

	Cierto	Falso
1. Ningún almacén de la ciudad es tan grande como El Corte Inglés.	○	○
2. La mejor ropa es siempre carísima.	○	○
3. Los zapatos de El Corte Inglés son muy elegantes.	○	○
4. En El Corte Inglés gastas menos dinero y siempre tienes muy buena calidad.	○	○
5. El horario de El Corte Inglés es tan flexible como el horario de otras tiendas del centro.	○	○

vocabulario

You will now hear the vocabulary found in your textbook on the last page of this lesson. Listen and repeat each Spanish word or phrase after the speaker.

Nombre _____ Fecha _____

contextos

Lección 9

1 **¿Lógico o ilógico?** You will hear some statements. Decide if they are **lógico** or **ilógico**.

1. Lógico   Ilógico   5. Lógico   Ilógico
2. Lógico   Ilógico   6. Lógico   Ilógico
3. Lógico   Ilógico   7. Lógico   Ilógico
4. Lógico   Ilógico   8. Lógico   Ilógico

2 **Escoger** For each drawing, you will hear three statements. Choose the one that corresponds to the drawing.

1. a.   b.   c.

2. a.   b.   c.

3. a.   b.   c.

4. a.   b.   c.

3 **Una celebración** Listen as señora Jiménez talks about a party she has planned. Then answer the questions.

1. ¿Para quién es la fiesta?

_____

2. ¿Cuándo es la fiesta?

_____

3. ¿Por qué hacen la fiesta?

_____

4. ¿Quiénes van a la fiesta?

_____

5. ¿Qué van a hacer los invitados en la fiesta?

_____

pronunciación

Lección 9

The letters h, j, and g

The Spanish **h** is always silent.

helado   **h**ombre   **h**ola   **h**ermosa

The letter **j** is pronounced much like the English *h* in *his*.

José   **j**ubilarse   de**j**ar   pare**j**a

The letter **g** can be pronounced three different ways. Before **e** or **i**, the letter **g** is pronounced much like the English *h*.

a**g**encia   **g**eneral   **G**il   **G**isela

At the beginning of a phrase or after the letter **n**, the Spanish **g** is pronounced like the English *g* in *girl*.

Gustavo, **g**racias por llamar el domin**g**o.

In any other position, the Spanish **g** has a somewhat softer sound.

Me **g**radué en a**g**osto.

In the combinations **gue** and **gui**, the **g** has a hard sound and the **u** is silent. In the combination **gua**, the **g** has a hard sound and the **u** is pronounced like the English *w*.

guerra   conse**gui**r   **gua**ntes   a**gua**

1 Práctica Repeat each word after the speaker to practice pronouncing **h**, **j**, and **g**.

1. hamburguesa
2. jugar
3. oreja
4. guapa
5. geografía
6. magnífico
7. espejo
8. hago
9. seguir
10. gracias
11. hijo
12. galleta
13. Jorge
14. tengo
15. ahora

2 Oraciones When you hear the number, read the corresponding sentence aloud. Then listen to the speaker and repeat the sentence.

1. Hola. Me llamo Gustavo Hinojosa Lugones y vivo en Santiago de Chile.
2. Tengo una familia grande; somos tres hermanos y tres hermanas.
3. Voy a graduarme en mayo.
4. Para celebrar mi graduación, mis padres van a regalarme un viaje a Egipto.
5. ¡Qué generosos son!

3 Refranes Repeat each saying after the speaker to practice pronouncing **h**, **j**, and **g**.

1. A la larga, lo más dulce amarga.
2. El hábito no hace al monje.

4 Dictado Victoria is talking to her friend Mirta on the phone. Listen carefully and during the pauses write what she says. The entire passage will then be repeated so that you can check your work.

_____

_____

_____

_____

estructura

9.1 Irregular preterites

1 Escoger Listen to each question and choose the most logical response.

1. a. No, no conduje hoy.
2. a. Te dije que tengo una cita con Gabriela esta noche.
3. a. Estuvimos en la casa de Marta.
4. a. Porque tuvo que estudiar.
5. a. Lo supiste la semana pasada.
6. a. Los pusimos en la mesa.
7. a. No, sólo tradujimos un poco.
8. a. Sí, le di $20.

b. No, no condujo hoy.
b. Me dijo que tiene una cita con Gabriela esta noche.
b. Estuvieron en la casa de Marta.
b. Porque tiene que estudiar.
b. Lo supimos la semana pasada.
b. Los pusiste en la mesa.
b. No, sólo traduje un poco.
b. Sí, le dio $20.

2 Cambiar Change each sentence from the present to the preterite. Repeat the correct answer after the speaker. (*8 items*)

> **modelo**
> Él pone el flan sobre la mesa.
> Él puso el flan sobre la mesa.

3 Preguntas Answer each question you hear using the cue. Substitute object pronouns for the direct object when possible. Repeat the correct answer after the speaker.

> **modelo**
> You hear: ¿Quién condujo el auto?
> You see: yo
> You say: Yo lo conduje.

1. Gerardo
2. Mateo y Yolanda
3. nosotros
4. muy buena
5. ¡Felicitaciones!
6. mi papá

4 Completar Listen to the dialogue and write the missing words.

(1) _____ por un amigo que los Márquez (2) _____ a visitar a su hija. Me (3) _____ que (4) _____ desde Antofagasta y que se (5) _____ en el Hotel Carrera. Les (6) _____ una llamada (*call*) anoche, pero no (7) _____ el teléfono. Sólo (8) _____ dejarles un mensaje. Hoy ellos me (9) _____ y me (10) _____ si mi esposa y yo teníamos tiempo para almorzar con ellos. Claro que les (11) _____ que sí.

Nombre _____ Fecha _____

9.2 Verbs that change meaning in the preterite

1 **Identificar** Listen to each sentence and mark an **X** in the column for the subject of the verb.

> **modelo**
> You hear: ¿Cuándo lo supiste?
> You mark: an **X** under **tú**.

	yo	tú	él/ella	nosotros/as	ellos/ellas
Modelo		X			
1.					
2.					
3.					
4.					
5.					
6.					
7.					
8.					

2 **Preguntas** Answer each question you hear using the cue. Substitute object pronouns for the direct object when possible. Repeat the correct response after the speaker.

> **modelo**
> You hear: ¿Conocieron ellos a Sandra?
> You see: sí
> You say: Sí, la conocieron.

1. sí   2. en la casa de Ángela   3. el viernes   4. no   5. no   6. anoche

3 **¡Qué lástima! (What a shame!)** Listen as José talks about some news he recently received. Then read the statements and decide whether they are **cierto** or **falso**.

	Cierto	Falso
1. Supieron de la muerte ayer.	○	○
2. Se sonrieron cuando oyeron las noticias (news).	○	○
3. Carolina no se pudo comunicar con la familia.	○	○
4. Francisco era (was) joven.	○	○
5. Mañana piensan llamar a la familia de Francisco.	○	○

4 **Relaciones amorosas** Listen as Susana describes what happened between her and Pedro. Then answer the questions.

1. ¿Por qué no pudo salir Susana con Pedro? _____

2. ¿Qué supo por su amiga? _____

3. ¿Cómo se puso Susana cuando Pedro llamó? _____

4. ¿Qué le dijo Susana a Pedro? _____

9.3 ¿Qué? and ¿cuál?

1 **¿Lógico o ilógico?** You will hear some questions and the responses. Decide if they are **lógico** or **ilógico**.

1. Lógico   Ilógico   5. Lógico   Ilógico
2. Lógico   Ilógico   6. Lógico   Ilógico
3. Lógico   Ilógico   7. Lógico   Ilógico
4. Lógico   Ilógico   8. Lógico   Ilógico

2 **Preguntas** You will hear a series of responses to questions. Using **¿qué?** or **¿cuál?**, form the question that prompted each response. Repeat the correct answer after the speaker. (8 items)

> **modelo**
> Santiago de Chile es la capital de Chile.
> ¿Cuál es la capital de Chile?

3 **De compras** Look at Marcela's shopping list for Christmas and answer each question you hear. Repeat the correct response after the speaker. (6 items)

Raúl	2 camisas, talla 17
Cristina	blusa, color azul
Pepe	bluejeans y tres pares de calcetines blancos
Abuelo	cinturón
Abuela	suéter blanco

4 **Escoger** Listen to this radio commercial and choose the most logical response to each question.

1. ¿Qué hace Fiestas Mar?

   a. Organiza fiestas.   b. Es una tienda que vende cosas para fiestas.   c. Es un club en el mar.

2. ¿Para qué tipo de fiesta no usaría Fiestas Mar?

   a. Para una boda.   b. Para una fiesta de sorpresa.   c. Para una cena con los suegros.

3. ¿Cuál de estos servicios no ofrece Fiestas Mar?

   a. Poner las decoraciones.   b. Proveer (*Provide*) el lugar.   c. Proveer los regalos.

4. ¿Qué tiene que hacer el cliente si usa los servicios de Fiestas Mar?

   a. Tiene que preocuparse por la lista de invitados.   b. Tiene que preocuparse por la música.

   c. Tiene que preparar la comida.

5. Si uno quiere contactar Fiestas Mar, ¿qué debe hacer?

   a. Debe escribirles un mensaje electrónico.   b. Debe llamarlos.   c. Debe ir a Casa Mar.

9.4 Pronouns after prepositions

1 Cambiar Listen to each statement and say that the feeling is not mutual. Use a pronoun after the preposition in your response. Then repeat the correct answer after the speaker. (*6 items*)

> modelo
> Carlos quiere desayunar con nosotros.
> Pero nosotros *no* queremos desayunar con él.

2 Preguntas Answer each question you hear using the appropriate pronoun after the preposition and the cue. Repeat the correct response after the speaker.

> modelo
> You hear: ¿Almuerzas con Alberto hoy?
> You see: No
> You say: No, no almuerzo con él hoy.

1. Sí
2. Luis
3. Sí
4. Sí
5. No
6. Francisco

3 Preparativos (*Preparations*) Listen to this conversation between David and Andrés. Then answer the questions.

1. ¿Qué necesitan comprar para la fiesta?

2. ¿Con quién quiere Alfredo ir a la fiesta?

3. ¿Por qué ella no quiere ir con él?

4. ¿Con quién va Sara a la fiesta?

5. ¿Para quién quieren comprar algo especial?

vocabulario

You will now hear the vocabulary found in your textbook on the last page of this lesson. Listen and repeat each Spanish word or phrase after the speaker.

escritura

Estrategia
Writing in Spanish

Why do we write? All writing has a purpose. For example, we may write a poem to reveal our innermost feelings, a letter to impart information, or an essay to persuade others to accept a point of view. Proficient writers are not born, however. Writing requires time, thought, effort, and a lot of practice. Here are some tips to help you write more effectively in Spanish.

DO...
- try to write your ideas in Spanish.
- use the grammar and vocabulary that you know.
- use your textbook for examples of style, format, and expression in Spanish.
- use your imagination and creativity.
- put yourself in your reader's place to determine if your writing is interesting.

AVOID...
- translating your ideas from English to Spanish.
- simply repeating what is in the textbook or on a web page.
- using a dictionary until you have learned how to use foreign language dictionaries.

Tema
Hacer una lista

Antes de escribir

1. You are going to create a telephone/address list that includes important names, numbers, and websites that will be helpful in your study of Spanish. It should include this information:
    - names, phone numbers, and e-mail addresses of at least four classmates
    - your teacher's name, e-mail address, and phone number
    - three phone numbers and e-mail addresses of locations related to your study of Spanish
    - five electronic resources for students of Spanish

2. Write down the names of the classmates you want to include in your list.

3. Interview your classmates and your teacher to find out the information you need to include. Use the following questions and write down their responses.

Informal	Formal
¿Cómo te llamas?	¿Cómo se llama?
¿Cuál es tu número de teléfono?	¿Cuál es su número de teléfono?
¿Cuál es tu dirección electrónica?	¿Cuál es su dirección electrónica?

4. Think of three places in your community that you could use to help in your study of Spanish. They could be a library, a Spanish-language bookstore, a Spanish-language television station, a Spanish-language radio station, a Hispanic community center, or another kind of Hispanic organization. Find out their e-mail addresses and telephone numbers and write them down.

5. Go online and do a search for five good websites that are dedicated to the study of Spanish as a second language, or that offer international keypals from Spanish-speaking countries. Write down their URLs.

Nombre _____ Fecha _____

Escribir

Write your complete list, making sure it includes all the relevant information. It should include at least five people (with their phone numbers and e-mail addresses), three places (with phone numbers and e-mail addresses), and five websites (with URLs). Avoid using a dictionary and just write what you can in Spanish.

Después de escribir

1. Exchange your list with a partner. Comment on his or her work by answering the following questions.

    ▶ Did your partner include the correct number of people, places, and websites?
    ▶ Did your partner include the pertinent information for each person, place, or website?

2. Edit your partner's work, pointing out any spelling or content errors. Notice the use of these editing symbols:

⌐	delete
∧	insert letter or word(s) in margin
|	replace letter or word(s) with one(s) inserted in margin
≡	change to uppercase
/	change to lowercase
∩	transpose indicated letters or words

    Now look at this model of what an edited draft looks like:

            r Nombe: Sally
            é Telefono: 655-8888
               Dirección electrónica: sally@uru.edu

               Nombre: Profesor José ramón Casas
        Teléfono: 655-8090
               Dirección electrónica: jrcasas@uru.edu

3. Revise your list according to your partner's comments and corrections. After writing the final version, read it one more time to eliminate these kinds of problems:

    ▶ spelling errors
    ▶ punctuation errors
    ▶ capitalization errors

escritura

Lección 2

Estrategia
Brainstorming

How do you find ideas to write about? In the early stages of writing, brainstorming can help you generate ideas on a specific topic. You should spend ten to fifteen minutes brainstorming and jotting down any ideas about the topic that occur to you. Whenever possible, try to write down your ideas in Spanish. Express your ideas in single words or phrases, and jot them down in any order. While brainstorming, don't worry about whether your ideas are good or bad. Selecting and organizing ideas should be the second stage of your writing. Remember that the more ideas you write down while you're brainstorming, the more options you'll have to choose from later when you start to organize your ideas.

Me gusta...
- bailar
- caminar
- conversar
- la clase de arte
- la clase de contabilidad

No me gusta...
- descansar
- estudiar
- trabajar
- la clase de historia
- la clase de literatura

Tema
Una descripción

Antes de escribir

1. You will be writing a description of yourself that includes your name, where you are from, where you go to school, the classes you are taking, where you work (if you have a job), and some of the things you like and dislike. Use the following chart to brainstorm information about your likes and dislikes.

Me gusta...	No me gusta...

2. Now take that information and fill out this table to help you organize the information you need to include in your description.

Me llamo...	(name).
Soy de...	(where you are from).
Estudio...	(names of classes) **en** (name of school).
No trabajo. / Trabajo en...	(place where you work).
Me gusta...	(activities you like).
No me gusta...	(activities you dislike).

Escribir

Use the information from the second chart to write a paragraph describing yourself. Make sure you include all the information from the chart in your paragraph. Use the structures provided for each topic.

Después de escribir

1. Exchange a rough draft of your description with a partner. Comment on his or her work by answering these questions:

    ▶ Did your partner include all the necessary information (at least six facts)?
    ▶ Did your partner use the structures provided in the chart?

2. Revise your description according to your partner's comments. After writing the final version, read it one more time to eliminate these kinds of problems:

    ▶ spelling errors
    ▶ punctuation errors
    ▶ capitalization errors
    ▶ use of the wrong verb form

Nombre	Fecha

escritura

Lección 3

Estrategia
Using idea maps

How do you organize ideas for a first draft? Often, the organization of ideas represents the most challenging part of the process. Idea maps are useful for organizing pertinent information. Here is an example of an idea map you can use:

MAPA DE IDEAS

Tema
Escribir un mensaje electrónico

Antes de escribir

1. You are going to write an e-mail that includes a description of your family. Before you begin, create an idea map like the one at left, with a circle for each member of your family. Be sure to include information from each of these categories for each family member:

   ▶ Names and their relationship to you
   ▶ Physical characteristics
   ▶ Hobbies and interests

2. Once you have completed your idea map, compare it with the one created by a classmate. Did you both include the same kind of information? Did you list all your family members? Did you include information from each of the three categories for each person?

Nombre _____ Fecha _____

3. Since you will be writing an e-mail, review these useful expressions for correspondence in Spanish, and note the accompanying punctuation marks:

   Salutations
   Estimado/a Julio/Julia: *Dear Julio/Julia,*
   Querido/a Miguel/Ana María: *Dear Miguel/Ana María,*

   Closings
   Un abrazo,   *A hug,*
   Abrazos,   *Hugs,*
   Cariños,   *Much love,*
   ¡Hasta pronto!   *See you soon!*
   ¡Hasta la próxima semana!   *See you next week!*

Escribir

Use your idea map and the list of expressions to write an e-mail that describes your family to a friend. Be sure to include some of the verbs and adjectives you have learned in this lesson, along with present tense forms of **-ar**, **-er**, and **-ir** verbs.

Después de escribir

1. Exchange rough drafts with a partner. Comment on his or her work by answering these questions:

   ▶ Did your partner make the adjectives agree with the person described?
   ▶ Did your partner include the age, family relationship, physical characteristics, and hobbies and interests of each family member?
   ▶ Did your partner use present tense forms of **-ar**, **-er**, and **-ir** verbs correctly?
   ▶ Did your partner use the expressions for correspondence correctly?

2. Revise your description according to your partner's comments. After writing the final version, read it once more to eliminate these kinds of problems:

   ▶ spelling errors
   ▶ punctuation errors
   ▶ capitalization errors
   ▶ use of the wrong verb form
   ▶ adjectives that do not agree with the nouns they modify

escritura

Estrategia
Using a dictionary

A common mistake made by beginning language learners is to embrace the dictionary as the ultimate resource for reading, writing, and speaking. While it is true that the dictionary is a useful tool that can provide valuable information about vocabulary, using the dictionary correctly requires that you understand the elements of each entry.

If you glance at a Spanish-English dictionary, you will notice that its format is similar to that of an English dictionary. The word is listed first, usually followed by its pronunciation. Then come the definitions, organized by parts of speech. Sometimes the most frequently used definitions are listed first.

To find the best word for your needs, you should refer to the abbreviations and the explanatory notes that appear next to the entries. For example, imagine that you are writing about your pastimes. You want to write, "I want to buy a new racket for my match tomorrow," but you don't know the Spanish word for "racket." In the dictionary, you may find an entry like this:

> **racket** s 1. alboroto; 2. raqueta (*dep.*)

The abbreviation key at the front of the dictionary says that *s* corresponds to **sustantivo** (*noun*). Then, the first word you see is **alboroto**. The definition of **alboroto** is *noise* or *racket*, so **alboroto** is probably not the word you're looking for. The second word is **raqueta**, followed by the abbreviation *dep.*, which stands for **deportes**. This indicates that the word **raqueta** is the best choice for your needs.

Lección 4

Tema
Escribir un folleto

Antes de escribir

1. You are going to choose one of the following topics to use while creating a pamphlet. Read the three choices and decide which one you will choose.

   ▶ You are on the Homecoming Committee at your school this year. Create a pamphlet that lists events for Friday night, Saturday, and Sunday. Include a brief description of each event and its time and location. Include activities for different age groups, since some alumni will bring their families.

   ▶ You are on the Freshman Student Orientation Committee and are in charge of creating a pamphlet for new students that describes the sports offered at your school. Write the flyer, including a variety of activities.

   ▶ You volunteer at your community's recreation center. It is your job to market your community to potential residents. Write a brief pamphlet that describes the recreational opportunities your community provides, the areas where the activities take place, and the costs, if any. Be sure to include activities that will appeal to singles as well as couples and families; you should include activities for all age groups and for both men and women.

2. Once you have chosen your topic, reread it and think about the vocabulary you will need to write about this topic. Use the chart below to jot down all the words in Spanish that you can think of that are related to the topic. Then, review the end vocabulary lists in your textbook for **Lecciones 1–4**. Add any words from those lists that you think might be useful. Finally, look at the words you have written down. Are there any key words you can think of in English that you would like to use in Spanish? Create a list of key words you need to look up in a dictionary.

Spanish words related to topic	Additional Spanish words from lists	New words I need in Spanish
		English word / Spanish word:

3. Look up your key words in the dictionary, making sure that you follow the procedure described in the **Estrategia** box.

Escribir

Write your pamphlet. As you write, refer to the vocabulary chart you created. Since you are writing a pamphlet, make sure you create one major title for the front. Then create sections within your text and give them subtitles, such as **Friday Night, Saturday, Sunday, Sports for Boys, Sports for Girls, Recreational Opportunities, Location, Costs**, etc. If you want to add a drawing or a downloaded photo or other graphic, feel free to do so, but make sure it illustrates something in the text nearby.

Después de escribir

1. Exchange rough drafts with a partner. Comment on his or her work by answering the following questions:
   ▶ Did your partner thoroughly cover the topic he or she chose for the pamphlet?
   ▶ Did your partner give the pamphlet a main title and include a subtitle for each section of text?
   ▶ If your partner included visuals, do they illustrate the text near them?
   ▶ Did your partner use appropriate vocabulary to describe the topic?
   ▶ Did your partner use present tense verb forms correctly?

2. Revise your pamphlet according to your partner's comments. After writing the final version, read it one more time to eliminate these kinds of problems:
   ▶ spelling errrors
   ▶ punctuation errors
   ▶ capitalization errors
   ▶ use of the wrong present tense verb forms
   ▶ adjectives that do not agree with the nouns they modify

escritura

Estrategia
Making an outline

When we write to share information, an outline can serve to separate topics and subtopics, providing a framework for the presentation of data. Consider the following excerpt from an outline of the tourist brochure on pages 180–181 of your textbook.

IV. Excursiones
   A. Bahía Fosforescente
      1. Salidas de noche
      2. Excursión en barco
   B. Parque Nacional Foresta
      1. Museo de Arte Nativo
      2. Reserva Mundial de la Biosfera

Mapa de ideas

Idea maps can be used to create outlines. (To review the use of idea maps, see **Lección 3 Escritura**.) The major sections of an idea map correspond to the Roman numerals in an outline. The minor idea map sections correspond to the outline's capital letters, and so on. Examine the idea map that led to the outline above.

Tema
Escribir un folleto

Antes de escribir

1. You are going to write a tourist brochure for a hotel or resort, real or imaginary. Create an outline or an idea map choosing information from each of the following categories. Be sure to include at least four minor sections in your outline or idea map. If you have selected a real hotel or resort and need more ideas, research it online to find more information about it.

I. II. III. IV. (Major sections)	A. B. C. D. (Minor sections)	1. 2. 3. 4. (Details of minor sections)
▶ name of hotel/resort	▶ description of exterior, interior, surrounding area, activities ▶ how to contact	▶ phone and fax numbers ▶ address of website ▶ e-mail address ▶ climate ▶ cultural attractions ▶ scenic natural attractions ▶ local geography ▶ recreational activities ▶ room layout and contents ▶ internal facilities ▶ grounds ▶ external facilities

2. Once you have created your outline, think of any other information not in the categories above that you would like to include and add it to the appropriate sections.

Lección 5 Writing Activities

Escribir

Use your outline or idea map to create a tourist brochure for the hotel or resort you chose. Create a title for the brochure, as well as a title for each of the minor sections. Each minor section should have its own title and exist separately from the other sections. If you want to include drawings or downloaded visuals from the Internet, make sure you place them next to relevant sections of text.

Después de escribir

1. Exchange your outline and rough drafts with a partner. Comment on his or her work by answering these questions:

    ▶ Does your partner's rough draft match the outline or idea map that he or she created?
    ▶ Did your partner include at least four minor sections in the brochure?
    ▶ Does each minor section have a separate title?
    ▶ Does each minor section include some additional details about that topic?
    ▶ If your partner included visuals, do they help illustrate the text around them?
    ▶ Did your partner use **ser** and **estar** correctly when describing the hotel or resort?
    ▶ Did your partner use present tense verb forms correctly?
    ▶ Did your partner include adjectives that describe the hotel or resort in detail?

2. Revise your description according to your partner's comments. After writing the final version, read it once more to eliminate these kinds of problems:

    ▶ spelling errors
    ▶ punctuation errors
    ▶ capitalization errors
    ▶ noun-adjective agreement errors
    ▶ incorrect use of **ser** and **estar**
    ▶ use of the wrong verb form

escritura

Lección 6

Estrategia
How to report an interview

There are several ways to prepare a written report about an interview. For example, you can transcribe the interview verbatim, you can simply summarize it, or you can summarize it but quote the speakers occasionally. In any event, the report should begin with an interesting title and a brief introduction, which may include the English five Ws (*what, where, when, who, why*) and H (*how*) of the interview. The report should end with an interesting conclusion. Note that when you transcribe dialogue in Spanish, you should pay careful attention to format and punctuation.

Writing dialogue in Spanish

▶ If you need to transcribe an interview verbatim, you can use speakers' names to indicate a change of speaker.

LILIANA	Generalmente, ¿cuándo vas de compras?
LUIS	Bueno, normalmente voy los fines de semana. No tengo tiempo durante la semana.
LILIANA	¿Qué compraste el fin de semana pasado?
LUIS	Me compré un par de zapatos y unos regalos para mi abuelo.
LILIANA	¿Y gastaste mucho dinero?
LUIS	No, porque encontré unas gangas en el almacén. También compré unas cosas en el mercado al aire libre, donde es posible regatear un poco.

▶ You can also use a dash (*raya*) to mark the beginning of each speaker's words.

—¿Encontraste unas gangas?
—Sí... me compré un impermeable y unos pantalones.
—¿Dónde los compraste?
—Los compré en el almacén Ofertas, cerca del centro.

Tema
Escribe un informe

Antes de escribir

1. You are going to write a report for the school newspaper about a friend's shopping habits and clothing preferences. To begin, you will brainstorm a list of questions to use when you interview your friend. Look at the categories of question words in the chart and try to come up with at least two questions for each category. You should choose from these questions as well as create some of your own.

   ▶ ¿Cuándo vas de compras?
   ▶ ¿Con quién vas de compras?
   ▶ ¿Adónde vas de compras?
   ▶ ¿Qué tiendas, almacenes o centros comerciales prefieres?
   ▶ ¿Por qué prefieres comprar ropa barata/cara?
   ▶ ¿Te gusta buscar gangas?
   ▶ ¿Qué ropa llevas cuando vas a clase?
   ▶ ¿Qué ropa llevas cuando sales a bailar?
   ▶ ¿Qué ropa llevas cuando practicas un deporte?
   ▶ ¿Cuáles son tus colores favoritos? ¿Qué ropa compras de esos colores?
   ▶ ¿Le das ropa a tu familia? ¿Y a tus amigos/as? ¿A quién?

¿Cuándo?	1. 2.
¿Por qué?	1. 2.
¿Qué?	1. 2.
¿Con quién? / A quién?	1. 2.
¿Adónde?	1. 2.
¿Cuál(es)?	1. 2.
¿Te gusta(n)...?	1. 2.

2. Once you have completed the chart, choose at least 12 questions you will use during your interview.

3. Once you have finalized your questions, take notes on the answers you receive. Then organize that information into categories such as clothing preferences, color preferences, people to shop with and for, places to shop, clothing prices, and shopping times.

Escribir

Write a report about your interview. Make sure you include all the information for each of the categories you created above. Summarize your findings, and quote the person you interviewed at least twice. Make sure you end your report with an interesting conclusion.

Modelo   Hablando de la ropa que lleva Shannon, le pregunté: —¿Qué tipo de ropa prefieres cuando sales a bailar?— Ella me contestó: —¡A mí me gusta la ropa elegante y cara!— Es obvio que ella no busca gangas cuando sale de compras.

Después de escribir

1. Exchange rough drafts with a partner. Comment on his or her work by answering these questions:

    ▶ Did your partner include information in a variety of categories?
    ▶ Did your partner include at least two direct quotes in his or her report?
    ▶ Did your partner use the correct style when writing the quotes?
    ▶ Did your partner use present tense verb forms correctly?
    ▶ Did your partner use preterite verb forms correctly?

2. Revise your description according to your partner's comments. After writing the final version, read it once more to eliminate these kinds of problems:

    ▶ spelling errors
    ▶ punctuation errors
    ▶ capitalization errors
    ▶ use of the wrong present tense verb form
    ▶ use of the wrong preterite verb form
    ▶ correct use of direct and indirect object pronouns
    ▶ adjectives that do not agree with the nouns they modify

Nombre _____ Fecha _____

escritura

Estrategia
Sequencing events

Paying strict attention to sequencing in a narrative will ensure that your writing flows logically from one part to the next.

Every composition should have an introduction, a body, and a conclusion. The introduction presents the subject, the setting, the situation, and the people involved. The main part, or the body, describes the events and people's reactions to these events. The conclusion brings the narrative to a close.

Adverbs and adverbial phrases are sometimes used as transitions between the introduction, the body, and the conclusion. Here is a list of commonly used adverbs in Spanish:

Adverbios

además; también	in addition; also
al principio; en un principio	at first
antes (de)	before
después	then
después (de)	after
entonces; luego	then
más tarde	later
primero	first
pronto	soon
por fin, finalmente	finally
al final	finally

Tema
Escribe tu rutina

Antes de escribir

1. Vas a escribir una descripción de tu rutina diaria en uno de estos lugares, o en algún otro lugar interesante de tu propia (*your own*) invención:

   ▶ una isla desierta
   ▶ el Polo Norte
   ▶ un crucero (*cruise*) transatlántico
   ▶ un desierto

2. Mira el esquema (*diagram*) en la próxima página, donde vas a escribir los detalles de tu rutina diaria. Antes de escribir tus actividades en el esquema, considera cómo cambian algunos de los elementos más básicos de tu rutina en el lugar que escogiste (*you chose*). Por ejemplo, ¿dónde te acuestas en el Polo Norte? ¿Cómo te duchas en el desierto?

3. Haz una lista de palabras clave que ya conoces o que necesitas saber para escribir tu descripción.

Palabras clave que ya conozco	Palabras clave que necesito saber

4. Ahora completa el esquema. Escribe detalles sobre el lugar y sobre las personas de ese lugar en el círculo marcado **Introducción**. Luego usa verbos reflexivos para escribir seis actividades diarias en su secuencia normal en los seis cuadros (*boxes*). Finalmente, escribe detalles sobre tus opiniones del lugar y de tu vida allí en el círculo marcado **Conclusión**.

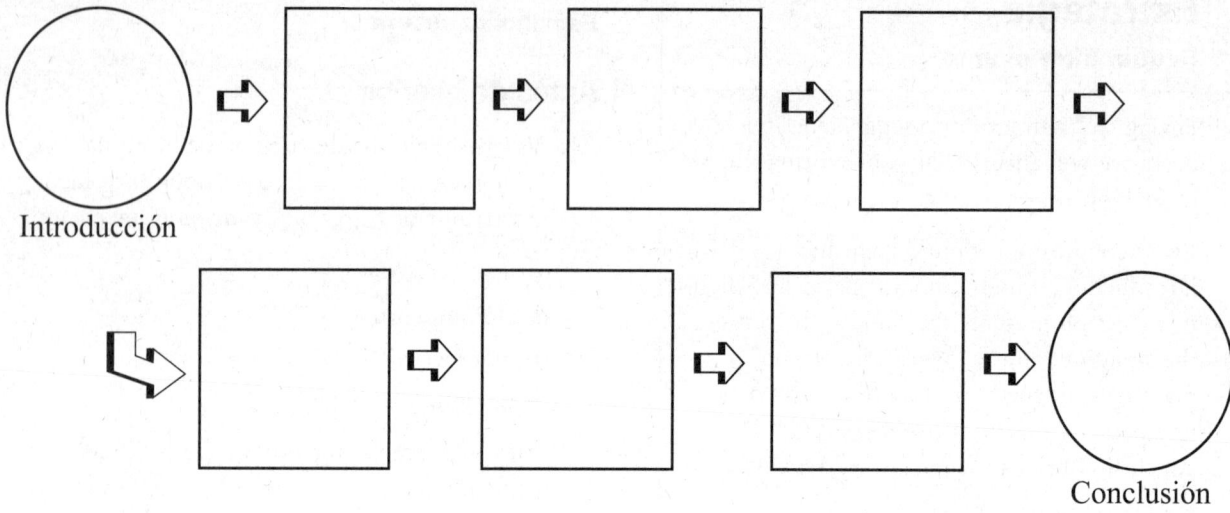

5. Ahora, mira el esquema otra vez. ¿Qué adverbios puedes añadir al esquema para acentuar la secuencia de las actividades? Escríbelos encima de (*above*) cada cuadro del esquema.

Escribir

Usa el esquema y la lista de palabras clave para escribir tu narración. La narración debe tener una introducción (la información del primer círculo del esquema), una parte central (las actividades de los ocho cuadros) y una conclusión (la información del segundo círculo). También debes incluir los adverbios que escribiste encima de los cuadros para indicar la secuencia de las actividades.

Después de escribir

1. Intercambia tu borrador (*rough draft*) con un(a) compañero/a. Coméntalo y contesta estas preguntas.

   ▶ ¿Escribió tu compañero/a una introducción con detalles sobre el lugar y las personas de ese lugar?
   ▶ ¿Escribió tu compañero/a una parte central con ocho actividades de su rutina diaria?
   ▶ ¿Usó tu compañero/a adverbios para indicar la secuencia de las actividades?
   ▶ ¿Escribió tu compañero/a una conclusión con sus opiniones del lugar y de su vida allí?
   ▶ ¿Usó tu compañero/a correctamente los verbos reflexivos?
   ▶ ¿Qué detalles añadirías (*would you add*)? ¿Qué detalles quitarías (*would you delete*)? ¿Qué otros comentarios tienes para tu compañero/a?

2. Revisa tu narración según los comentarios de tu compañero/a. Después de escribir la versión final, léela otra vez para eliminar errores de:

   ▶ ortografía (*spelling*)
   ▶ puntuación
   ▶ uso de letras mayúsculas (*capital*) y minúsculas (*lowercase*)
   ▶ concordancia (*agreement*) entre sustantivos (*nouns*) y adjetivos
   ▶ uso de verbos reflexivos
   ▶ uso de verbos en el presente de indicativo (*present tense*)

Nombre _____ Fecha _____

escritura

Estrategia
Expressing and supporting opinions

Written reviews are just one of the many kinds of writing which require you to state your opinions. In order to convince your reader to take your opinions seriously, it is important to support them as thoroughly as possible. Details, facts, examples, and other forms of evidence are necessary. In a restaurant review, for example, it is not enough just to rate the food, service, and atmosphere. Readers will want details about the dishes you ordered, the kind of service you received, and the type of atmosphere you encountered. If you were writing a concert or album review, what kinds of details might your readers expect to find?

It is easier to include details that support your opinions if you plan ahead. Before going to a place or event that you are planning to review, write a list of questions that your readers might ask. Decide which aspects of the experience you are going to rate and list the details that will help you decide upon a rating. You can then organize these lists into a questionnaire and a rating sheet. Bring these forms with you to help you form your opinions and to remind you of the kinds of information you need to gather in order to support these opinions. Later, these forms will help you organize your review into logical categories. They can also provide the details and other evidence you need to convince your readers of your opinions.

Tema
Escribir una crítica

Antes de escribir

1. Vas a escribir una crítica culinaria (*restaurant review*) sobre un restaurante local. Antes de escribirla, tienes que preparar un cuestionario y una hoja de evaluación (*rating sheet*) para formar tus opiniones y para recordar la información que vas a incluir en tu crítica del restaurante.

2. Trabaja con un(a) compañero/a de clase para crear un cuestionario. Pueden usar las siguientes preguntas u otras de su propia invención. Deben incluir las cuatro categorías indicadas.

   ▶ La comida
   ¿Qué tipo de comida es? ¿Qué tipo de ingredientes usan? ¿Es de buena calidad? ¿Cuál es el mejor plato? ¿Y el peor? ¿Quién es el chef?

   ▶ El servicio
   ¿Es necesario esperar mucho por una mesa? ¿Tienen los camareros un buen conocimiento del menú? ¿Atienden a los clientes con rapidez (*speed*) y cortesía?

   ▶ El ambiente (*atmosphere*)
   ¿Cómo es la decoración del restaurante? ¿Es el ambiente informal o elegante? ¿Hay música o algún tipo de entretenimiento (*entertainment*)?

   ▶ Información práctica
   ¿Cómo son los precios? ¿Se aceptan tarjetas de crédito? ¿Cuál es la dirección y el número de teléfono? ¿Quién es el/la dueño/a? ¿El/La gerente?

3. Después de escribir el cuestionario, usen las cuatro categorías y la lista de preguntas para crear una hoja de evaluación. Un restaurante recibe cinco estrellas (*stars*) si es buenísimo; recibe sólo una estrella si es malísimo. Miren este ejemplo de cómo se puede organizar una hoja de evaluación.

4. Después de crear la hoja de evaluación, úsala para evaluar un restaurante que conoces. Si lo conoces muy bien, quizás no es necesario comer allí para completar la hoja de evaluación. Si no lo conoces muy bien, debes comer en el restaurante y usar la hoja de evaluación para comentar tu experiencia. Trata de incluir comparativos y superlativos cuando escribas tus comentarios y opiniones.

Nombre del restaurante: Número de estrellas:

1. La comida

Tipo:
Ingredientes:
Calidad:
Mejor plato:
Peor plato:
Datos (*Facts*) sobre el/la chef:

Escribir

Usa la hoja de evaluación que completaste para escribir tu crítica culinaria. Escribe seis párrafos cortos:

1. una introducción para indicar tu opinión general del restaurante y el número de estrellas que recibió
2. una descripción de la comida
3. una descripción del servicio
4. una descripción del ambiente
5. un párrafo para dar información práctica sobre el restaurante
6. una conclusión para recalcar (*to stress*) tu opinión y dar una sugerencia para mejorar el restaurante

Después de escribir

1. Intercambia tu borrador con un(a) compañero/a de clase. Coméntalo y contesta estas preguntas.

   ▶ ¿Escribió tu compañero/a una introducción con una evaluación general del restaurante?
   ▶ ¿Escribió tu compañero/a párrafos sobre la comida, el servicio, el ambiente y uno con información práctica?
   ▶ ¿Escribió tu compañero/a una conclusión con una opinión y una sugerencia para el restaurante?
   ▶ ¿Usó tu compañero/a comparativos y superlativos para describir el restaurante?
   ▶ ¿Qué detalles añadirías (*would you add*)? ¿Qué detalles quitarías (*would you delete*)? ¿Qué otros comentarios tienes para tu compañero/a?

2. Revisa tu narración según los comentarios de tu compañero/a. Después de escribir la versión final, léela otra vez para eliminar errores de:

   ▶ ortografía
   ▶ puntuación
   ▶ uso de letras mayúsculas y minúsculas
   ▶ concordancia entre sustantivos y adjetivos
   ▶ uso de verbos en el presente de indicativo (*present tense*)
   ▶ uso de verbos en el pretérito
   ▶ uso de comparativos y superlativos

escritura

Estrategia
Planning and writing a comparative analysis

Writing any kind of comparative analysis requires careful planning. Venn diagrams are useful for organizing your ideas visually before comparing and contrasting people, places, objects, events, or issues. To create a Venn diagram, draw two circles that overlap one another and label the top of each circle. List the differences between the two elements in the outer rings of the two circles, then list their similarities where the two circles overlap. Review this example.

Diferencias y similitudes

El aniversario de los Sres. González / La ceremonia de graduación de Ernestina

Diferencias:
1. No hay una ceremonia formal.
2. La celebración tiene lugar por la noche.

Similitudes:
1. La familia invita a muchos familiares y amigos para celebrar.
2. Hay una comida especial para los invitados.

Diferencias:
1. Hay una ceremonia formal.
2. La ceremonia se celebra durante el día.

La lista de palabras y expresiones a la derecha puede ayudarte a escribir este tipo de ensayo (*essay*).

Tema
Escribir una composición

Antes de escribir

1. Vas a comparar dos celebraciones familiares a las que tú asististe recientemente. Puedes escoger entre una fiesta de cumpleaños, aniversario o graduación, una boda, una fiesta de quince años u otro tipo de celebración familiar.

2. Completa un diagrama Venn con las diferencias y similitudes de las dos celebraciones. Trata de incluir por lo menos tres ideas para cada sección del diagrama.

Diferencias y similitudes

Nombre _____   Fecha _____

Escribir

1. Usa el diagrama Venn que completaste para ayudarte a escribir una composición en la que comparas las dos celebraciones.

2. Tu composición debe incluir cuatro párrafos cortos:

   ▶ un párrafo que sirva de introducción y que identifique las dos celebraciones
   ▶ uno que describa las diferencias entre las dos celebraciones
   ▶ uno que describa las similitudes entre las dos celebraciones
   ▶ uno que sirva de conclusión y que incluya tus opiniones sobre las dos celebraciones

3. Usa palabras y expresiones de esta lista para expresar las diferencias y las similitudes.

Para expresar diferencias	
a diferencia de	unlike
a pesar de	in spite of
aunque	although
en cambio	on the other hand
más/menos que	more/less... than
no obstante	nevertheless; however
por otro lado	on the other hand
por el contrario	on the contrary
sin embargo	nevertheless; however

Para expresar similitudes	
además; también	in addition; also
al igual que	the same as
como	as; like
de la misma manera	in the same manner (way)
del mismo modo	in the same manner (way)
tan + [adjetivo] + como	as + [adjective] + as
tanto/a(s) + [sustantivo] + como	as many/much + [noun] as

Después de escribir

1. Intercambia tu borrador con un(a) compañero/a de clase. Coméntalo y contesta estas preguntas.

   ▶ ¿Escribió tu compañero/a una introducción que identifica las dos celebraciones?
   ▶ ¿Escribió tu compañero/a un párrafo sobre las diferencias entre las dos celebraciones?
   ▶ ¿Escribió tu compañero/a un párrafo sobre las similitudes entre las dos celebraciones?
   ▶ ¿Escribió tu compañero/a una conclusión que incluye sus opiniones sobre las dos celebraciones?
   ▶ ¿Usó tu compañero/a palabras de la lista para expresar diferencias y similitudes?
   ▶ ¿Usó tu compañero/a comparativos y superlativos para comparar las dos celebraciones?
   ▶ ¿Qué detalles añadirías (would you add)? ¿Qué detalles quitarías (would you delete)? ¿Qué otros comentarios tienes para tu compañero/a?

2. Revisa tu narración según los comentarios de tu compañero/a. Después de escribir la versión final, léela otra vez para eliminar errores de:

   ▶ ortografía y puntuación
   ▶ uso de letras mayúsculas y minúsculas
   ▶ concordancia entre sustantivos y adjetivos
   ▶ uso de verbos en el presente de indicativo
   ▶ uso de verbos en el pretérito
   ▶ uso de comparativos y superlativos

Credits

Every effort has been made to trace the copyright holders of the works published herein. If proper copyright acknowledgment has not been made, please contact the publisher and we will correct the information in future printings.

Photography and Art Credits

All images © Vista Higher Learning unless otherwise noted.

Cuaderno de actividades: 119: Martín Bernetti.